新手父母

愛你
讓我變得更勇敢！

馮順服／著・魏棻卿／採訪撰述

屬於馮順服愛與勇氣的故事……

殘缺的母女，不殘缺的生命

在我們不逃避外界協助、對外求援後，更能看見眼前的盼望 。接著，我們也嘗試去幫助其他更有需要的人。

我是被迫切除一個乳房的「少奶奶」，女兒則是失去雙腿的「跪千金」。但我們卻能笑得如此燦爛。

二〇一五年七月，出版社替女兒舉辦新書分享會，現場擠滿讀者。原來，被火紋身的女孩也這麼有魅力。

二〇一五年六月，雅菁出書了！她用激勵人心的文字，把勇敢與堅持傳遞給大家。照片裡的書在雅菁簽名後，都一一寄出了。

我這個媽、我的兒子與媳婦（還有還在肚子裡的小孫女）都是雅菁的鐵粉。

停止自責、逐漸進步的媽媽角色

以往拼豆撐起我們的生計。對於女兒的拼豆事業，我一向給予最大的協助、鼓勵。

照片是第一次去擺攤照的。那時不只雅菁害怕人群，連我都手忙腳亂，不曉得怎麼做生意。

鼓勵女兒做拼豆，不但讓她知道自己的價值，也讓我發現自己的價值。我們都有屬於自己的「自拼像」，左邊是雅菁，右邊是我。

心境改變後，曾經渴望成為焦點的我，竟甘願當起女兒的經紀人、小助理，陪她演講、上節目，幫她打理一切她不能處理的事。

這場意外，
讓我學會與孩子當朋友

雅菁發生車禍的當晚，我從上班的酒店趕到醫院，望著急診室幾乎燒成木炭的身軀，我搖頭對警察大吼：「搞錯了吧？這不是我女兒！」

我從小就以逃避心態過日子，渴望愛，卻成長於權威家庭；想寄情婚姻，奈何依舊落空。雅菁車禍前，忙碌的母親，叛逆的女兒，幾乎零互動，唯一的交流時間，就是拿零用錢。

她昏迷兩個月，高燒40度，三張截肢同意書陸續送到面前。「不簽，人家會說這個母親見死不救」、「簽了，全身包著紗布，滲著血跡，剩下半個鼻子的女兒，醒過來時，會不會恨媽媽？」煎熬在心中不斷翻攪。

漫長的復建，外界的歧視，經濟的壓力。我必須承認，我不是外界口中「偉大的母親」。

在加護病房時，她插著呼吸器伸出僅存的右手，隔著玻璃窗，好像在呼喊：「媽媽救我！」愧疚自責，頓時爬上心頭；復建時，看她燒毀的胸部，被壓著平扯的撕裂，我忍著淚水安慰她，深夜回家，獨自一人，拿起酒瓶就灌……。

醉了，就好。因為活著的感覺實在太痛苦。直到我接觸教會，才知道放聲大哭、表現脆弱，也是一種勇氣。

三年前，雅菁保命出院，我卻罹患乳癌，老天還是沒有饒過我們母女。

「燒燙傷陪伴是一場漫長艱辛的路途，照顧者要懂得找支援協助，讓自己喘一口氣。」馮珮馨陪女兒7年走來，她堅信，只要有愛，沒有走不出來的傷口。

兩年內我做了19次化療，雅菁怕我孤單，陪我剃了兩次光頭。

那天，她端一盤紅蘿蔔炒蛋，看我喜孜孜地吃著，突然撒嬌的問：「媽，媽，你怎麼不問，這紅蘿蔔皮我是怎麼削的？」看她左搖右晃的上半身，才驚覺，自己常常遺忘孩子的殘缺，迷糊的媽媽，意外訓練女兒變成一個「正常的人」。

因為這場意外，我重新與女兒做了朋友，無話不說，相互依持。雖然我們生活仍有擔憂，但知道愛隨時都飽滿存在。我也相信，就算雅菁只剩一隻手，還是能撐起她想要的世界。

（口述・馮珮馨　整理・陳玉華）

演講單位或媒體偶爾會請我就母親的角度，分享甘苦——「如何在艱難中，依然帶著盼望往前走」。託雅菁的福，我竟能把這個勇敢的過程說出來，做為大家的鼓勵！

我期待成為父母的小公主，卻事與願違。我很需要父母的愛，卻不敢說。

我有五個手足。小時候，我以為父母的愛被瓜分成五份，而且總覺得自己分到的那1/5，還會被其他手足搶走。

年輕的我喜歡被注目的感覺，這是我自信的來源。我總打扮地光鮮亮麗，還以為外表與物質才是人生首要目標。

遇見神之後，我驚覺以往價值觀錯得離譜。天父給我的愛，也讓我曉得爸媽對每個子女都會百分百的付出，只是方式不一樣。

說也奇怪，愈是把心打開，我與父母之間的情感，也變得愈來愈好。這是某年母親節，我回娘家餐敘的紀念。

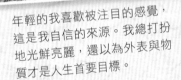

不完美，是上帝的「限量發行」

隔年乳癌復發，我始終相信「我可以戰勝」。所以即使是治療期間，在身體狀況與醫生許可下，我還是帶著女兒到處趴趴造。

聽到罹患乳癌、只剩兩年可活時，我一度恐慌。在看到女兒二話不說、陪因治療掉髮的我剃光頭後，我竟燃起對抗癌魔的信心。

愛與勇氣讓我們母女不再把殘缺視為瑕疵，這可是上帝的「限量發行」呢！

二〇一五年九月初，我和雅菁去爬「雪山」。這讓我想起四年前、女兒剛穿戴義肢，牧師也是約女兒去爬山、練走路。兩次我們母女都一口答應，兩次都很累，但兩次都很值得。

Contents

愛你，讓我變得更勇敢！

Part 1

跟孩子和解

我好自責，怎能讓寶貝就這樣陷入火海中？
她是我懷胎九月生下來、心頭上的一塊肉，
當她承受痛苦時，我怎麼可以不在她身邊！

Part 2

跟自己和解

每當傷心欲絕，我最常做的事就是聽詩歌，
聽著聽著，總是忍不住就放聲大哭起來。
藉由詩歌的撫慰，讓我在淚水中得到釋放，
這股奇妙的力量，往往能幫助我重新得力。

Part 3

跟家人和解

三十九歲那年、被診斷罹患乳癌末期的我，驚覺好多事情來不及做、好多人來不及愛。於是，我勇敢踏出第一步、率先突破隔閡，告訴爸媽「我愛他們」，而且也需要他們的愛。

同場加映——

作者的生命學分班

寫給在困境中想變勇敢的你

原來，我之所以長年不快樂，並非全都出自於環境，
而是我始終沒有真正活在當下，珍惜生命中的每個發生。

改變眼光看世界，就有勇氣面對未來

莊雅菁
《酷啦！我有一雙鋼鐵腳》作者、馮順服的女兒

每個人都有一段不為人知的故事，而這卻深深影響人的價值觀。價值觀偏了，自己便被蒙在鼓裡，怎麼看也看不清，還認為一切都是對的。

過去，我的媽媽為了把我和哥哥接過去跟她住而拚命賺錢。我六年級時，媽媽實現願望——我搬來臺中跟媽媽住。不過，媽媽依然拚命，一天工作超過十四小時。每到假日就帶我去百貨公司「血拼」，喜歡什麼就買，於是家裡塞滿了衣服。我疑惑，難道辛苦賺錢，就是為了拚命花錢？

那時，媽媽認為「要當有錢人，否則就會被瞧不起」。可是擁有多少才算有錢？擁有全世界，就會變快樂嗎？以前的媽媽，大概未曾思考過這個問題吧。她每天像個追著錢跑的奴隸，拚了前半輩子，得到的卻是徹底的破碎

——一個癌症末期的身體，與一個四肢僅剩右手的女兒。

一直用外在物質來證明自己價值的媽媽，瞬間不再擁有工作能力或時間，不能在購物中、事業中、人群中得到稱讚，讓她掉進一個坑洞，充滿更多的自卑與空虛。那是她無能為力去改變的殘酷現實。後來，她知道，若不願意先踏出第一步、採取行動的話，那麼就只能活在困境裡。

在我的眼裡，媽媽曾是一個很軟弱很容易放棄的人，我車禍後的這幾年，改變了這樣的想法。我的媽媽變得比任何人來的堅定。她一度帶著「不能死」的意念，堅持著她每一口存在的呼吸，只因為她擔心「倒下來之後，剩下一隻手的女兒該怎麼辦」。艱難之下，媽媽不再放大自己心中的恐慌，而是先看見人家的需要。若是看著自己的問題，而把自己設定在這樣的框框裡，問題不會消失，還會被放大，壓得讓人無法呼吸。

在與媽媽相處時間增加、「變熟」後，才知道成長階段的她，其實很希望也很需要父母（我的外公外婆）給予的稱讚，但卻沒有如願得到。當她在人生困境裡認識上帝，媽媽改變原本總是「停在原地等人稱讚」的想法，過去沒有稱讚便覺得自己最可憐的她，開始可以帶著信心去做每一件事。甚至，當她發現身旁的人需要被認同時，她會比別人更快地給出讚美與肯定的話。我就是因此而相信媽媽是愛我的，即使我已經變成現在這個模樣。

曾經，我很好奇：到底是什麼力量，讓媽媽可以面對殘缺的我，又能接受自己癌末的現實？如何在患難中，找到自己存在的價值，去建造另一個不可能的奇蹟呢？怎能超越理智地看待自己破碎的人生，轉變成感謝一切的苦難、意志勝過感覺的堅定下去？

原來，很多問題的存在，並不如自己的想像可怕，因為只要是可以找到的問題，就有方法可以去改變。若正覺得自己總是被很多事情壓地喘不過氣，這本書絕對可以療癒你的心靈，甚至改變你的眼光。當眼前的世界改變了，將更有勇氣去面對一個未知的未來。

推薦序2

愛讓母女言歸於好，更讓癌歸於好

陳駿逸
臺中醫院腫瘤內科醫師、全方位癌症關懷協會理事長

「珮馨，一個乳癌復發的年輕case，接下來的治療麻煩你了。」這是我第一次接觸到珮馨（作者原本的名字）的記憶。珮馨原本罹患乳癌第三期，雖然進行腫瘤切除手術，但是因為其本身的細胞型態與腫瘤的期數，對於有十餘載治癌經驗的我，直覺這是個很容易復發與轉移的個案。更何況珮馨是還在為第一次乳癌打底、進行預防復發的治療期間，赫然就出現腋下淋巴的復發與遠端骨頭的轉移。

沒有醫學訓練的人，會認為珮馨應該不可能在罹癌五年後出書。當下的我，更是如此認為，大概不消兩年，珮馨就會與世訣別。畢竟，面臨這樣的局面，很多病人的命運之神，根本放棄了她們。但在我知道珮馨的故事，又

看到那雙「鋼鐵腳」不時在珮馨左右、陪她再度抗癌的每一個moment，一股捨我其誰的惻隱之心油然而生——絕對要幫忙這對錯別多年、最終找到互信互愛的母女。

「愛」不只讓珮馨母女言歸於好，也讓癌歸於好。珮馨再次的抗癌治療出奇順利，最後竟成功地把癌魔打敗了。以醫學專業角度而言，可以說是痊癒了。這對第四期（或者說末期）的乳癌患者來說，簡直是天方夜譚。或許專業的醫療，加上來自各方的愛，還有鋼鐵腳女兒帶給珮馨無比的正向能量，才是為何「好事」一再降臨的重要原因。

近年來，珮馨病情日益穩定，我見到她的次數可能與牛郎織女相會的頻率相當。心中經常懷念起陪她抗癌的點滴，也常拿她們母女齊心抗癌的故事鼓勵其他癌友。令人欣慰的是，珮馨從愁慘的癌友蛻變成開心助人行善的天使之外，亦將自己身上因為心中有愛的所有見證，化做文字與語言，讓愛的能量穿透更遠、更深。

讓愛綻放——謝幕之前的精彩演出

賈紫平
臺中開懷協會創會理事長

六年多前，朋友打電話到開懷協會給我，希望我關心一位乳癌末期的朋友（就是順服）。由於我曾經走過罹癌過程，更能夠體會那種痛苦及迫切需要，所以立即安排了一次與社工同行的居家訪視。

當天迎接我們的是一位掛著笑容的優雅女人。她笑起來很是美麗。從她口中說出來的抗癌過程，沒有太多抱怨反而充滿感恩。

這樣的她，生命故事竟是充滿心酸與曲折。年輕的她好強好勝，在金錢誘惑下，失去丈夫、婚姻、孩子，甚至父母、家人，在迷亂工作選擇中、酗酒麻醉中，迷失自我，也遠離親情和愛。孤獨自卑侵蝕她年輕的歲月，她曾痛苦地認為，自己活在完全沒有希望中。

那時的雅菁還沒有鋼鐵腳。訪談途中，她就從房裡划著輪椅到客廳，點頭招呼後，再划到桌邊開始做手工拼豆。她不時得把衛生紙貼在嘴唇上，吸著不斷流下的口水。心痛撼動著我。

順服也許見我好奇，轉而講述被火紋身的女兒的故事，那是血淚交織、痛徹心扉的過程。最艱難的挑戰是，要如何兼顧雅菁需要，還要顧及自己不崩潰瓦解——「天啊！有沒有人可以救救我」。當下，我彷彿看見她內心的呼求，喧騰的情緒中我靜默無語，淚水卻滾滾落下。

認識她們母女那年開始，開懷協會許多大型活動，都邀請她們母女前來擺攤賣拼豆，希望多少幫上一些忙。而雅菁也努力發揮創意，做出好的成品，並拓展網路市場。某次的園遊會上碰見我，順服開心地對女兒說「快站起來給紫平阿姨看看」。雅菁穿著半短褲，跳著，笑著，站著，有了鋼鐵腳的雅菁站在我面前，幾乎和我一樣高。我為她開心。

順服乳癌復發，生命再次跌進谷底。懂事的雅菁選擇負責——努力復健、認真生活，靠拼豆賺錢，那雙鋼鐵腳就是她「拚」來的。在雅菁殘缺的人生中，有了腳就有了自由，人生也有了新力量。雅菁常跟我說：「酷不酷？我這雙鋼鐵腳是獨一無二、左右不一樣的義肢喔！」

這次，順服把生命故事書寫出來，其中「原來長年不快樂的主因，並非全都出自於環境，而是我一直沒有真正活在當下，珍惜生命中的每一個發生」的那段時間，多虧教會姊妹、身邊親友的陪伴扶持，她一步一步走過來了。她用文字將生命經驗深刻的連結譜曲，走出生命的迷霧。

病後人生，順服更能體悟得失，在歲月的翻騰，仍順服人生。愛，串起生命灑落滿地的珍珠，串起這本值得閱讀、通向自我療癒的書。

推薦序4

鋼鐵建造的重生盼望

舒靜嫻
陽光基金會執行長

二〇一五年夏天，在誠品信義店《酷啦！我有一雙鋼鐵腳》新書分享會上，首次見到順服（當時還叫珮馨）。這對與陽光有深厚淵源的母女，分別將歷經八年多，不向命運妥協、努力奮起的歷程，透過說故事的方式分享給世人。分享會上、聽雅菁說故事的當下，除了驚嘆眼前這位女孩著實不凡的堅毅與勇氣，更對一路陪在她身邊的母親，油然而生無比敬意。

當時，正值八仙塵爆未久，看到自信亮眼的雅菁，讓數百個年輕生命的重生更有盼望。母女倆亦奔波在陽光各個重建中心，探望同樣遭逢重創、辛苦復健的年輕人們，成為他們最強而有力的啦啦隊。

順服透過陪雅菁四處演講、激勵人心的過程，開始整理分享自己的故事。這一年來，我們見過幾次，互加臉書。每每聽她說話讀她文字，都深受感動和啟發。如果您不認識順服，絕對無法將短髮俏麗、裝扮時髦、笑容可掬又熱情感性的她，與書中那前半生受盡苦難的女人產生聯想。

一個因孩子受重傷而心碎的母親，要有多大勇氣才能克服自責、面對女兒不可逆的傷害，及陪伴傷後復健折磨。要有多大勇氣，才能帶著重度顏損肢障的寶貝女兒，重新走進人群。其中還附加自己的抗癌歷程，再難熬，度過了，就完全以健康活力之姿，迎向新人生。真不可思議啊！

在順服身上，我只看到豐盛滿足的生命。過去的苦難，不但早已超越了，也已化為對自己和對世上更多辛苦人們的祝福。衷心邀請讀者們與我一起見證這位柔軟又堅強的女性。如何誠實聆聽內在的聲音；如何對生命謙卑；又是如何努力學習，認真地走一趟與孩子、自己、父母「和解」的旅程。了解這一切的不容易，下回見到馮順服時，您就會知道眼前這位笑容滿溢、真誠想與您分享幸福故事的女性，是順服無誤。

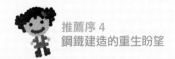

推薦序5

上帝光照下，重拾的幸福關係

李榮華　大慶聖教會牧師

其實，我與內人認識順服姊妹和雅菁的時間並不長，但是她們母女倆及屬於她們的故事，卻深刻吸引著我們夫婦。我們夫婦牧養的基督教大慶聖教會與大慶關懷協會食物銀行，離她們的家不遠，她們因而就近和我們一起敬拜上帝。我們教會的願景是成為「幸福的教會、溫暖的家庭」，因此，大家都非常歡迎順服母女的加入。

我們夫婦在牧養和關懷順服母女的過程中，很佩服她們對上帝的那份信心。在曾存在的婚姻中，順服同時肩負起所有責任和經濟壓力，扮演著多種角色，並在這些角色中轉換，只為了要給前夫和子女更好的環境。她選擇了快速致富的工作，卻因此失去陪伴孩子成長的黃金時間。至於，本來叛逆的雅菁，在一次意外之後徹底改變，包括外貌與心。

在〈跟孩子和解〉裡，我看到順服因為自責和對女兒的愛，激盪出的反省和承擔，她無怨無悔照顧著嚴重燒傷的雅菁，並陪伴她一步一步踏上復健的旅程。這個過程，她彌補了以往雅菁需要媽媽，她卻缺席的遺憾。一度身心俱疲的她，因著心理醫師的建議，走進了教會、尋求上帝幫助，她也因而找到了她的信仰。

順服姊妹在苦難中找到了上帝，開始學習用上帝的真理去檢視自己，在真理的光照之下，她看見了她做錯的部分，並倚靠上帝，勇敢向前夫認錯道歉，進而修復了與前夫、與自己父母、與兒女的關係。

這本書很值得讀者們細細閱讀。期盼各位讀者能因而避免順服姊妹所犯的錯誤和隨之而來的痛苦，進而更疼愛你的婚姻你的配偶、孩子和親人，並竭盡所能地保護他們。

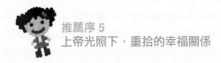

推薦語1 **黃寶東** 臺南市港尾國小校長

在一次學校辦的特教宣導講座上，我看著聽著臺上雅菁的勇敢，卻忍不住偷偷觀察這位始終守護著雅菁的媽媽。臺下的順服滿臉笑容、全神關注，眼神裡，我看不到悲觀、怨嘆，只看到堅強、樂觀。順服有著普天下父母都該學習的——接納自己孩子的一切，用愛去對待孩子，並要相信孩子會一天比一天更棒。

推薦語2 **郭志強** 臺中市立人國中校長

要有多少的勇氣，才能帶著殘缺的女兒熬過來。身為母親，眼看寶貝女兒受苦卻無能為力，內心煎熬肯定不在話下，應是經過許多無法安眠、交織汗水淚水、夾雜焦慮擔心的日子吧。還好，持續的溫暖與陪伴，不只幫助雅菁站起來，也讓順服重啟封閉內心，與過去的自己和解。這肯定是一段令人讚嘆、值得閱讀的故事。

推薦語3

廖玉明、葉筱楓 僑泰中學校長及進修部校務主任

對順服的第一印象是笑容可掬的面孔。她帶著雅菁來僑泰進修部演講，母女倆皆展現十足的活力與親和力。心裡不免佩服著「究竟是什麼力量，讓雅菁如此堅強、樂觀，且能坦然面對自我」。後來，我們知道那是母親的愛，這份愛可以像白雲般溫暖自在，也能成為銅牆鐵壁的守護。極力推薦順服的著作，裡頭讓我們看到愛的不可思議的力量。

推薦語4

馮怡嘉 馮順服的妹妹

不斷的學習並調整自己的姐姐，造就自己中年的光芒，也帶出自信的姪女雅菁，看似毀滅的人生，卻大享榮耀的祝福。姐姐與姪女攜手共度每次的難關和困境。兩個曾經自卑的生命體，從不得不相依為命，變成生命共同體，這全是活出愛的確據。姐姐的「破碎王國」（抗癌的母親與殘破的女兒），是家人朋友的祝福，也會是讀者的榜樣與借鏡。

原來，我也需要一雙鋼鐵腳

漸漸地，我才發現到，原來自己也需要一雙鋼鐵腳。我指的，不是女兒雅菁腳上裝的那一種，而是安裝在心裡、作為生命支撐的心靈拐杖。

從小，我就夢想能成為一個獨特的人，最好是可以成為一名執教鞭的老師，站在講臺上教書……。我以前常常幻想，倘若一切都能如願以償地發生，人生該有多美好啊。不過，如果沒有付諸實踐，夢想終究只能淪為空想，現實版本中的我——馮順服（原名為馮珮馨），雖然曾經高分考取省立臺中家商（現為國立臺中高級家事商業職業學校），最後還是因為愛玩的關係，落到休學的下場。

在過去那個年少無知的階段，我滿腦子想的都是，如何用最快的方式賺到最多的錢，甚至因此踏入燈紅酒綠的夜生活。二十歲那年步入婚姻，原以為王子和公主從此就能過著幸福快樂的日子，事實卻不然。生下一雙兒女的幾年後，由於受不了婚姻生活中的種種，終於，我還是做出離婚的決定。那一年，女兒雅菁才七歲。

沒有人天生就懂得「如何當一個盡責的好媽媽」，我也一樣。離婚前，我忙著賺錢；離婚後，孩子因為與前夫同住，不在我身邊，兒女的成長過程中，我很少有機會好好扮演一個母親的角色、照料他們的生活起居。

若真要問：是到什麼時候，我才真正學會當一個媽媽？時間點應該是落在，女兒雅菁十四歲生日前夕，發生火燒車意外之後。

因為女兒雅菁生命中那場突如其來的意外，讓我這個二十歲就當媽媽的「女孩」，終於在三十六歲時，被迫長大成熟。正所謂「不經一事，不長一智」，將近八年以來，全身高達70％以上三度灼傷、歷經三次截肢手術、僅存一隻右手的女兒，所經歷的一切苦痛，不僅讓她的生命愈挫愈勇，也讓身為母親的我，學習到何謂無條件的愛，以及愛裡的忍耐、包容、接納。

這裡，我要對女兒雅菁說，

「謝謝妳，我的寶貝。是妳讓媽媽發現心靈的美麗、勇敢、堅韌，才是最重要的。不完整沒有關係，這沒有比活著更重要，沒有比可以天天看見妳更重要。也謝謝阿爸天父打開我心靈的眼睛，讓我看見妳是帶著祝福，來到世上的榮美天使。媽媽愛妳！」

另外，我要感謝「癌症」這位好朋友。雖然，這個噩耗是在雅菁車禍復健後的第三年、我三十九歲時（二〇一〇年），毫無預警地得知，醫生宣判我罹患乳癌末期，推斷只剩兩年可活。接二連三的打擊，一度將我推入恐懼的深淵。但感謝神，時至今日（已超過六年），我還幸運地活著。也多虧「這位朋友」，讓我重新調整作息和飲食的模式，活得更健康。

我天生就是個多愁善感的人，從發現罹癌到定期治療的那段期間，卻神蹟似地靠主得勝，還經常趁著到醫院化療與回診的機會，鼓勵其他癌症病友不要灰心喪志。醫院公關見我如此熱心，又得知雅菁在重度燒傷下仍努力做「拼豆」，大受感動，不僅提供在醫院擺攤三天的機會，還召開記者會，讓我們在媒體面前現身說法，鼓勵那些正在遭逢人生低潮的朋友們。

當時的我們哪裡想像得到——「一個癌末媽媽」加「一個重度燒傷的女兒」的組合，能創造出什麼樣的奇蹟？確實，奇蹟就這樣陸續發生了。記者會後，四面八方的演講邀約開始湧入，幾年後，女兒雅菁燒燙傷的故事還有幸成就《酷啦！我有一雙鋼鐵腳》這本書，並適時激勵八仙塵爆的患者和家屬，及其他正處困頓、難過的讀者。

不諱言，雅菁的意外讓我們母女倆的人生變得美好，但也不可否認，神的確藉此將我們推向另一個生命高度，以便去做更多的善事、影響更多需要幫助的人。

我的信仰，讓我清楚地明白，地上的一切都會過去，未來在天上的家，我將會跟不再受到外在綑綁的雅菁，共度更多美好的時刻——這個屬天的信心，一直是我的內心裡最重要的支撐。信仰帶來的愛和盼望，正是我殘缺心靈的那一雙鋼鐵腳。

感謝阿爸天父親自為我穿戴心靈鋼鐵腳，讓軟弱的我得以剛強站立，陪伴雅菁繼續行走人生的道路。在學習跟孩子和解的同時，也慢慢懂得如何跟自己乃至於家人和解，重新學習「愛」這一門人生必修課，進而活出一個更真實灑脫的自己。

致謝

感謝一路走來，所有人的支持，有你們愛的幫助、鼓勵和扶持，使我的人生可以充滿色彩，可以繼續往前行！

- 感謝父母、弟、妹和親友。在最艱難的時刻，給我愛的力量與實質幫助，滿足我無法原諒自己的自責之心。這是挫敗之後，仍被接納的恩典。
- 感謝兒子雲隆。對自己生命的負責和成全，讓我可以專心地照顧雅菁。
- 感謝陽光基金會協助我們復健與就業輔導。也感謝心理師李逸明的持續關懷，讓我有機會認識上帝。
- 感謝臺中靈糧堂、大慶聖教會、神住六一一靈糧堂的屬靈父母和弟兄姊妹全方位的禱告力量。也感謝馮志梅創辦的學園婦女小組，幫助我明白「我不能改變別人，只能改變自己」。
- 感謝協助我力挺我的同學賴玉容，及她所服務的保險公司。

■感謝臺中醫院醫療團隊在我癌症治療期間的用心。也感謝公關玟玲鼓勵我們母女開記者會，助人之餘，亦使我們的拼豆事業，有好的開始。

■感謝所有購買拼豆商品及《酷啦！我有一雙鋼鐵腳》出版品來鼓勵我們肯定我們的網友、顧客和讀者們。

■感謝邀約我們舉辦講座的中小學、大專院校、公司行號、教會、公益團體、政府機關等所有單位。

■感謝嘉義協同中學楊靜嫻老師，積極把女兒雅菁的故事推薦給出版社。如今亦鼓勵我這個母親，勇敢地說出自己的故事。

在拼豆媽的心中，有數算不完的感謝。你們是上帝派來的天使，謝謝大家的欣賞、鼓勵、肯定，溫暖我們。在這雙重苦難之中，我看見**「愛一直都在，幫助也一直都在」**。我相信，未來仍有無數的幫助，在我的四周圍成我人生的效力。艱困中生出的堅韌生命，在我心裡生根發芽，是可以祝福別人、溫暖別人的生命樹。

七度灶的花語：堅固

據說七度灶命名，是因為它的堅硬程度，用七座爐灶來燒也燒不斷。**正如我身為母親、對孩子的那份愛，那是一份堅定不移的愛。**

Part 1
跟孩子和解

那就是所謂的「創傷後症候群」吧！

自從雅菁發生意外之後，
有好長一段時間，只要聽到救護車的聲音，
我那惶恐不安的心，就會緊緊地糾結在一起。
腦海中，不斷重複播放著的是，
雅菁痛苦吶喊「媽媽救我」的畫面。
每次只要一想到這裡，心就好痛好痛。

我真的好自責好自責，
懷胎九月的寶貝女兒、心頭上的一塊肉，
我怎麼就這樣，讓她陷入無情的火海？
當她受苦的時候，我怎麼可以不在她身邊？

Point!

一場火燒車意外，揭開親子關係真相

有些事情，是騙不了人的。尤其是親情，因為那不僅牽涉到個人最真實脆弱的一面，彼此關係的堅固與否，往往也會在苦難當頭的時候見真章。

女兒雅菁發生火燒車意外之前，我自以為是個稱職的母親，跟孩子的互動也算不錯。直到一場大火造成雅菁全身70％以上三度燒傷，也為了存活，兩條腿和一隻左手陸續被截肢，照顧身心受創孩子的沉重負荷，加上外在的經濟現實，讓我們的親子關係，宛如一條拉至極限的橡皮筋，隨時可能「啪」地一聲，斷裂。

大部分的原因，跟我自己適應不良有關。時間拉回二十多年前，二十歲結婚、二十一歲就生下兒子、隔兩年又生下女兒雅菁，二十出頭就為人妻為人母的我，大多時間仍活在自己所編織的公主夢裡，此外，還有窮於應付的夫妻關係與婆媳關係。這樣的婚姻跟我想像的完全不一樣。因此，我一心只想著以賺錢為名義往外跑，逃避家庭衝突。哪裡來的心思照顧兩個孩子的需要呢？

好不容易，離開婚姻的枷鎖，我的公主夢依然沒有醒過來，我仍舊想要打造一個理想國度。除了重回舞廳工作，每天把自己打扮地美美的，另一方面也努力存錢，朝買房子的目標前進，期待有一天可以把兩個孩子都接過來同住。那時候的我以為，那就是孩子渴望被愛的方式。

或許為了更快達成購屋夢想，也或許為了逃避空虛，我幾乎瘋狂地在上班。所謂的瘋狂，大概是早上七點下班後，就在舞廳休息室睡覺，下午兩點接著上班。如此周而復始，長達四年。

一九九九年，因為九二一大地震而房市大跌，終於讓我買到一間屬於自己的房子。接下來的重點，就是把當時十一歲大的雅菁和她的哥哥接過來一起住。實際碰到這一天，我才發現，事情並沒有原先想像得那麼順利。

第一個投反對票的人，當然是前夫。只好暫時維持讓孩子們在寒暑假時來我這住。但每每到了分離時刻，孩子們常是哭著回前夫家，尤其是雅菁。當時，她常打電話給我，邊哭邊說，希望搬來跟我一起住。這讓我十分不捨，母女倆常常在話筒的兩端啜泣起來。

受不了與骨肉分離的苦楚，我曾經多次放下身段，央求前夫成全孩子們的心願。沒想到，好不容易前夫點頭答應了，阻礙反而轉移到兒子身上。兒子突然說不想搬，原因是不願離開那些從小一起長大的麻吉好友。聽到這個消息，我的心當場冷了半截。雅菁更急了，擔心會被要求跟哥哥一起留下來，趕緊跑去向她爸爸哀求。幾經波折後，終於如願以償。

我們母女倆從久久見面一次，變成同住一個屋簷下、天天看見彼此，很多相處上的難題，隨之而來。一開始，我就和女兒溝通，「如果媽媽要上班、沒辦法陪妳的時候，妳就得一個人在家裡喔」。我本來是擔心她會埋怨媽媽我忙於工作。沒想到女兒的反應，是一臉開心地答應。

新生活初開展之際，為了給女兒一個正常的成長環境，我曾經改行從事保險業務員的工作，方便我每天接送她上下課、為她預備早晚餐，晚上還可以陪她一起看看書……。只不過，美好的時光總是短暫，隨著跟孩子相處的蜜月期結束，又感受到保險業務員的工作並不容易勝任，內心又開始掙扎與不安。

一來是轉行初期，幾乎全靠以前工作建立的人脈，很容易推銷保單，績效相對卓著，然而人脈一旦用盡，收入就變得不穩定。二來是看似活潑愛玩的我，其實個性害羞膽小、不敢面對人群。加上當時想著趕快賺錢，還清房貸、改善經濟的現實壓力，勝過想陪伴孩子成長的渴望，所以，在接回雅菁同住後約一年多，也就是女兒國一下學期時，我就重操舊業。

我本來不敢讓女兒知道實情，騙她說是在服飾店輪值晚班。後來是被雅菁聞到我身上的酒味，意識到再也隱瞞不住，才坦承自己又跑去上「必須在晚上喝酒」的那種工作。

很顯然地，我不但離孩子心目中的好母親形象愈來愈遠，親子間的關係也愈來愈疏離。即使每天處在同一個屋簷下，我們卻像是各自活在兩個世界。直到一場空前的苦難降臨，才又將我們兩個人拉回到應有的深刻交集。

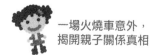

Point!

簽下截肢同意書，決心跟死神賭一把

很多時候，我們都活在自己或他人編織的謊言裡卻絲毫不察，直到被殘酷的現實重重擊了一拳，才被迫清醒過來。

一直到女兒出車禍的幾年之後，透過孩子的主動分享，我才得知早在意外發生之前，她就經常跟朋友在外遊蕩飆車，甚至連抽菸、喝酒這些事情也都嘗試過，只是當媽的我，卻一點都不知情。

我以為事情沒有那麼嚴重。即使學校老師曾經多次提醒，要家長注意雅菁在校外交友複雜的問題，但因著內在強烈的不安全感，我選擇將絕大部分的生活重心放在賺錢，忽略了要好好正視孩子的偏差問題。那時，我最常用來安撫自己的一句話就是，「青春期的孩子本來就愛玩，只要每天都能準時回家，應該就不會出事」。殊不知，一場空前的生死劫難，早已等候在不久的將來。

至今，我仍清楚記得那一夜的震撼！

整個事發過程，戲劇化程度猶如電視情節，讓人感覺很不真實。然而，心如刀割的劇痛卻又在在提醒著我：這不是夢，我的寶貝女兒雅菁，她，真的出事了！

二〇〇七年七月十日深夜十二點多。「快走！」那時的男友突然衝進我工作的地方，拉著已經喝地醉醺醺的我往門外跑，「快點走，雅菁發生車禍，現在人已經被送去醫院了！」

「你放開我！」我用力甩掉男友的手。當時的我們正處於冷戰狀態，這根本是他用來和好的招數，我才不會輕易上當。更何況當天下午出門前，我剛跟雅菁在家下過五子棋，傍晚上工前，也打了兩通電話確定她乖乖在家後，我才放心地進包廂跟客人拚酒。

乍聞噩耗，我心想「**怎麼可能**」。幾個鐘頭前，我那出落地亭亭玉立的寶貝女兒還平安在家，怎麼可能發生車禍意外？我不相信。但情況之緊急，其實也由不得我相不相信。男友強行把我帶走後，便駕車一路直奔醫院。

「**這是不是妳的女兒？**」一抵達醫院的急診室，警察就拿著一張照片讓我指認。記憶裡，那張照片中呈現的是一個燒成焦黑的身軀。當下的我，還是不太敢肯定那個人就是雅菁。後來，警察再拿著有點焦黑、破損的牛仔褲，與意外現場找到的手機給我，我這才意識到，真的是我的女兒沒錯。

接著，我走進加護病房，親眼看見病床上躺著一個全身裹滿繃帶的女孩，病患姓名卡上清楚地寫著「**莊雅菁**」三個字。原先還帶有幾分醉意的我，瞬間清醒過來。

那時候的震撼程度之大，甚至讓我忘了要怎麼哭。滿腦子全是出門上班之前，跟女兒在客廳邊下棋邊聊天的畫面，想著臉上總是掛著甜甜笑容的她，年紀還那麼輕，十三歲耶。天啊！她才十三歲啊，被這把火狠狠一燒，她還活得下來嗎？就算幸運地活了下來，往後的人生又要她怎麼過下去呢？

我的心，愈想就愈慌。豆大的眼淚終於穿越否認，在兩頰上氾濫成災。之後的我，真的是哭慘了。我邊哭邊等待雅菁清醒，沒想到只等到更殘忍的消息。醫生告訴我，為了保全雅菁的性命，必須截去左手時，更是將我推向崩潰的邊緣。

一份截肢同意書，擺在眼前。我陷入前所未有的兩難——

「簽？還是不簽？」

簽了，就等於同意醫生切除女兒的左手，要是她真的能因此而存活下來，她能體諒我的決定，還是會恨我一輩子？不簽，要是導致女兒的性命不保，我有辦法承受失去女兒的苦痛，並帶著內心的愧疚與自我譴責走往後的人生嗎？

看著昏迷中的女兒，我決定跟死神賭一把。簽下同意書，同意醫生將她左手臂以下切除。那時我想的是，只要女兒能夠活下來，少了一隻左手臂，生活上的不便尚能克服。

萬萬沒想到，第一次截肢手術後，女兒依舊高燒不退，持續與死神拔河。只有再截肢，才有機會保命。往後的兩個月，我又簽了兩張手術同意書。後面兩次的截肢手術，分別帶走雅菁的左腳與右腳。

缺了一隻手臂，外加全身70％的重度灼傷，未來復原之路走不走得下去都還是未知數，要是連兩隻腳都被切除了，女兒醒來之後，真的有辦法接受嗎？活下來的她，是會感激我還是怨恨我呢？不只我有這樣的擔心，連我的妹妹也在提醒我：「**妳要有心理準備，雅菁醒來之後，可能真的會恨妳一輩子。**」

「身體髮膚，受之父母，不敢毀傷，孝之始也。」──《孝經》開宗明義便教導人要好好愛惜身體，免得父母親傷心，更何況雅菁還是我懷胎九月辛苦生下來的孩子，若不是到了逼不得已的地步，我怎麼捨得簽字同意，讓醫生切除她的手和腳呢！

真的是走投無路了！接下來能夠做的事情，除了耐心等待女兒的甦醒，也只有勇敢地面對現實。走一步算一步了。

Point!

彌補過往缺席，重新把女兒當 Baby 照顧

在加護病房外等待的空檔，我常會忍不住想著「人生如果可以重來就好了」。這一切的變化來得如此之快，讓向來渴望能活在公主夢幻生活裡頭的我，被迫長大成熟，並且走進現實世界。

夢醒了，橫亙在眼前的現實就是，我必須放下急於賺錢的欲望，每天守在加護病房外，等著見女兒，為的只是要對昏迷中的雅菁信心喊話，說「**不要怕，媽媽在這裡**」。後來，女兒醒了，我最常對她說的就變成「**沒事，妳看起來很好**」，或「**不用擔心，妳會恢復得愈來愈好**」這類的話。

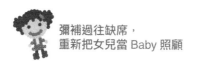

事實上，我心裡頭很苦，因為常常要來回切換兩種極端的心態。為了讓女兒懷抱信心跟盼望，我總是會在她面前表現出一派輕鬆的模樣，彷彿這場意外對我們並不具什麼殺傷力似的。然而，一旦踏出病房，我立馬陷入一片愁雲慘霧之中，不斷焦慮想著：「**怎麼辦？現在雅菁變成這個樣子，以後的生活該怎麼辦？**」

於是，我開始酗酒。每當獨自從醫院返家，夜深人靜之際，想起雅菁哭喊著「不想換藥」的那一幕，我的心就好痛好痛，痛到了極點便開始用酒精麻醉自己，藉此阻隔那些我不想面對的現實。

女兒長達五個多月的住院期間，我這為人母親的常常是喝到醉就哭著睡著，睡醒了就去醫院為女兒加油打氣，回家後再繼續喝酒，麻醉自己。如此，周而復始，甚至到女兒出院、回家裡住，我還是戒不掉酒癮。每天晚上把她安頓好之後，就開始喝酒，天真地期待一覺醒來，事情就會有所轉變。想也知道，那是不可能的事。實情是，歷劫歸來的女兒，因燒傷和截肢的關係，雖然心智年齡已達青少年階段，外在的行動能力卻退化成 Baby 等級，不只每天需要人抱上抱下數十次，吃喝拉撒也全都仰賴我這個媽來照顧。

照料女兒的工作，遠比我事先想像的來得困難太多。我以為，女兒只要一離開醫院，少了每天交通往返，照顧起來應該容易一些，實際卻不是如此。雅菁受傷面積太大，大大增加照護上的難度，我不僅要學習用什麼姿勢抱她，以便協助她順利上下車或上下床，其餘像是如何餵她吃東西、如何協助她如廁、如何在房間幫她洗頭，乃至如何幫她換藥等，這些我全部都要學。

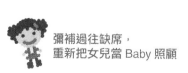

燒傷傷口的不適和搔癢，經常讓女兒如坐針氈，晚上更是痛苦地沒有辦法好好睡覺。再加上經歷火燒車意外造成的心理創傷，我時常得在半夜一邊幫她按摩傷口、一邊安撫她洶湧不安的情緒。我總是強忍著眼眶的淚水，不讓它往下掉，免得女兒跟著傷心落淚。

或許是心境使然，那樣的夜，讓人感覺特別漫長，有時漫長到令人絕望，因而害怕黎明永遠不會來臨⋯⋯。

Point!

陪伴復健太煎熬，妄想一醉了事

好不容易，撐到曙光出現。大白天裡，我和女兒要共同面對的另一個難題，就是換藥這件事情。

換藥的過程能有多痛？女兒雅菁就曾經用「千刀萬剮」的劇痛來形容，她說「那是一種生不如死的感覺」。無怪乎，當時的她簡直是拚了命地抗拒換藥。我實在是於心不忍，更不想因此頻頻引發母女之間的衝突，於是便開始刻意減少換藥的頻率，也不再勉強雅菁忍著痛做復健。我以為這麼做不會有太大的影響，沒想到雅菁身上的傷口，很快就發出惡臭。

正好那個時候，專門服務燒燙傷病友的陽光基金會的社工前來做家訪，看到雅菁的狀況，希望我讓她北上、到陽光之家住一段時間，由專業人士來協助後續的身心復健。其實，在雅菁住院那段期間，基金會的社工就曾主動到醫院探訪，表達想協助我們復健了。如今回想起來，「陽光之家」確實是女兒復健關鍵期療傷止痛最溫暖的家，我們母女都有著滿滿的感恩。

我是個非常不習慣到陌生環境的人，一下子要從熟悉的中部搬到北部，內心的抗拒可想而知，但為了雅菁的復原著想，抱著姑且一試的心態，我還是陪著她一起住進臺北的陽光之家。這段時間，生活非常充實緊湊，每天一大早就要出門到重建中心做復健，看著雅菁身體上的傷，及復健時的辛苦，我心裡不忍卻無可奈何。這或許也導致陪女兒住在陽光的那半年，我更容易生氣。

正所謂「愛之深，責之切」。有些時候，我會氣女兒「為什麼不勇敢一點」，心想著，她若是能積極配合換藥和復健，那麼像這樣受苦的日子，搞不好就可以縮短一些。每次當我對女兒發完脾氣，內心的愧疚感使然，我又會開始氣自己「為什麼不能體諒她受的苦」，甚至氣自己「為什麼沒能替她分擔苦痛」。日復一日，糾結矛盾的心情總是抑制不住地湧上心頭，我常因此陷入低潮。

但，這還不是最難的。最大的考驗其實在於，我必須在扮演一個嚴父的同時，還得身兼慈母的角色。面對一個像雅菁這樣飽受身心煎熬的孩子，什麼時候該嚴厲苛責、什麼時候又該溫柔以待，在角色切換的同時，考驗著我的耐心與智慧。

印象中，只有在早餐、午餐、晚餐，外加宵夜時間，才是我們母女倆最開心的時光。雖然，雅菁因為嘴巴無法完全閉合的關係，食物一送進嘴裡，冷不防地就從嘴邊掉了出來，讓我在餵飽自己的同時，還要忙著幫她收拾善後，不過，那些屬於辛苦復健後的放鬆時刻，一直是我腦海中，最溫馨的幸福片段。

只是這些溫馨，仍然不足以平衡當下的身心俱疲。住在臺北的陽光之家時，除了每天要陪雅菁往返陽光復健中心做復健、抱她的次數多達十幾次，每週還得固定回臺北長庚醫院複診，若經診斷需要動手術，還要前往林口的長庚醫院。如此舟車勞頓又擔憂著未來的生活，造成我的睡眠嚴重不足、精神恍惚。陪伴雅菁不過四個月的時間，我就累垮了。

當復健師告訴我，燒傷皮膚的復健治療，至少要持續進行半年以上效果較佳時，更讓我沮喪到了極點。然而我下半身酸痛的程度，竟然連帶影響到腳跟，一度嚴重到無法行走的地步。

無法硬撐的情況之下，我只好跟雅菁商量，改由看護來照顧她，好讓我回臺中稍事休息，等假日再北上來探望她。雅菁即使心裡有千百個不願意，她還是答應了。貼心的女兒大概也明白，媽媽我是真的需要喘口氣了。

反倒是我自己，原以為把孩子交給看護照顧，就能把心中那塊大石，稍稍放下，哪裡知道回到臺中之後，我幾乎夜夜失眠。只要一想到「往後的日子該怎麼過」的問題，就難過到不得不用酒精來麻醉自己、幫助入眠，妄想一醉了事。

清醒時，為了不讓自己胡思亂想，除了到處拜拜求心安，也曾計畫找份工作，看可不可以讓自己好過點。無奈試了許多方法，心中仍然沒有平安。我實在無法把照顧雅菁的責任放在一邊。

說巧不巧，當我心中充斥著滿滿不安時，接到看護的來電，看護告知因家中有事，不能繼續照顧雅菁，臨時接手的新看護又磨合不來。心疼女兒的不適應，我左思右想：「雅菁在臺北復健已經半年了，把她接回臺中照顧，應該不會有太大問題吧？」

這個抉擇的背後，隨之而來將是一連串挑戰，像：

- **如何協助雅菁生理上換藥與復健的需要？**
- **如何在日常的照料過程中，適時回應她心理上渴望被愛、被安慰的需要？**

■如何在兼顧雅菁的需要時，還能顧及自己的身心，不致崩潰瓦解（這是最艱難的挑戰）？

各式各樣的恐懼念頭，猶如浪濤般不斷席捲而來，幾乎要把我吞噬。我不想因此命喪淺灘，卻又不知道從何找到生存出口，便經常在心裡吶喊著：

「天啊！有沒有人可以伸出援手，救救我？」

是啊，到底有誰可以救救我呢？

Point!

聽從心理師建議，走進教會遇見神

人的盡頭，果真就是遇見神的起頭。女兒出事之後，我才慢慢體會到，原來人生中，有很多的事情是在自己的掌控之外。一旦事情發生，也很難單靠個人力量去度過。人多多少少都會需要家人或朋友的協助，甚或是上帝的幫忙。

當時，我和女兒最需要的協助是相處上的問題。我和她彼此相依相愛，卻又時常吵架鬥氣。吵架的原因多半是因為我希望她忍痛配合換藥跟復健，我的一番苦心，使雅菁覺得我不體諒她的疼痛，只會一味地要求。實際上，我的心裡也不好受，難免也會埋怨：「為什麼她都不懂我的無奈和無助呢？」

或許我們母女倆都不擅表達內心感受，遭受重大創傷的雅菁此時變得更有防衛心，對我這個母親，也沒有太大的信任感，以致我們的關係，一度陷入了僵局。為此，陽光基金會還分別為我們安排了專業的心理諮商。在心理師的建議下，我嘗試踏進教會，並正式接觸到基督信仰，進而經驗到上帝的醫治釋放。

那是一種很奇妙的內在體驗。每每只要在教會開口唱詩歌，我就會被神的愛，源源不絕地澆灌和充滿，緊接著眼淚就會稀哩嘩啦地掉個不停，甚至幾度放聲大哭。我想，我是真的累了，好累好累。內心明明非常渴望釋放，以前卻只能在喝醉後、卸除堅強防備，盡情掉眼淚。我從來沒想過，唱詩歌也有同樣的療癒果效。其實，直到現在，唱起詩歌我依然會掉淚，但那是充滿盼望及感動的淚。

藉由詩歌的撫慰，我總會在心中向神哭喊著：

「神啊，我何等需要愛、我需要力量、我需要休息、我需要被了解、我需要幫助、我需要盼望……。有誰可以救我啊？有誰可以把我的內疚與自責拿掉呢？」

我唱著、想著，同時忘情地哭著，我不再去擔心旁邊有誰在看著我，或有誰會取笑我，那個當下的我，只想要得到神的安慰跟鼓勵，因為我確實很需要！

當我在教會裡找到這麼一位願意無條件愛我，又能接納我的不完美的一位神，簡直如獲至寶，顧不得雅菁還遠在臺北陽光之家，馬上打電話跟她分享這個大好消息。我信心滿滿地告訴她：

「女兒，我們的未來有希望了。」

滿心期待能夠擁有新人生的雅菁，日後回到臺中，跟著我去了幾次教會之後，雖然年紀輕輕的她，不如我這個媽感受如此強烈，但也許就是為了我，在我受洗半年後，她就跟著信主了。在那之後，我和女兒的關係，也慢慢走向修復。

印象很深刻的是，有一次教會的小組聚會教導說：**「我們不能改變別人，只能改變自己。」**

這句話宛如當頭棒喝。自此我便開始調整對待女兒的態度。比方說，當我希望她做到某事時，盡量不像以往只單方面要求她，而是先身體力行去執行，自己做到了，再鼓勵女兒一起改變。

我一直有顆願意改變的心。我願意透過學習變成一個更好的人，也很願意成為雅菁眼中那個——更懂她體貼她關懷她的媽媽。我還願意鼓起勇氣，嘗試那些一直不敢做的事。養寵物就是一個例子。

雅菁從小就夢想著要養寵物，但不管以前跟阿嬤同住，或搬過來跟我一起生活，都遲遲無法如願以償。車禍之後，她抓住機會不斷地跟我撒嬌央求。原本說什麼都不答應的我，聽說寵物的陪伴，具有療癒效果，最後還是打破了「不讓毛茸茸的動物進入家裡」的原則，到寵物店買了一隻狗，作為女兒某年的生日禮物。沒想到，自此便結下了我們與寵物的緣份。

起初因為沒有養寵物經驗，也忘了先請教其他飼主，頭先兩隻狗養得不太順利。一直到第三隻狗，才正式成為我們家的一員。

人狗同住一個屋簷下的生活，對我們來說還是大不易。我非常擔心女兒會傷口感染，所以都是用柵欄把狗狗圍在家中的一個角落。只要有抱牠出來玩耍，事後一定會用酒精擦拭牠碰過的器具和走過的地板，隨時維護室內清潔。

經過好長一段時間，我才慢慢適應家裡除了雅菁，還有其他毛小孩的存在。到後來，家中的毛小孩還一度多達二十幾隻，規格直逼一家寵物店。至於，為什麼寵物數量會一下子暴增？其實，跟我們有一陣子選擇離開教會有關。

Point!

脫離教會生活，重心轉向寵物和購物

二〇〇九年初，對女兒的自責內疚、對父母的虧欠及對自己的悔恨和不饒恕，種種內在軟弱讓我又躲進殼裡、過著自我封閉的生活，斷然拒絕教會姊妹的關心。女兒是我帶去教會的，我的離開，雅菁也跟著脫離教會。這長達一整年的時間，我們母女倆宛如無家可歸的心靈孤兒，回到了在外流浪的日子。

內心強烈的自責和愧疚，讓我在離開教會後，關注焦點從對上帝的盼望，轉移到彌補過去對女兒的疏忽。當時，唯一的方式就是，每天一早等外勞幫女兒換好藥，就會帶著她出門玩。只是，每到公共場合，我們總會被投以異樣眼光，那種令人受傷的眼光。

記得有次逛書局，一位中年婦女毫不客氣地直盯著女兒看，約莫有半個小時的時間，她的眼神沒有放過雅菁的意思。最後，我們自己受不了了，乾脆離開。太多太多類似的負面經驗了。

還有一次，有個孩子看到雅菁的模樣，不知道是嚇到還是怎樣，竟對著她又吼又叫，讓我們尷尬得不得了。甚至，曾經碰到過有人呼朋引伴一起來「圍觀」，對著我們指指點點……。

為了減少雅菁遭受「歧視」與「霸凌」，我曾經想過要不就盡量待在家好了。但進一步想想，這麼做也不是長久之計，我跟雅菁都喜歡，而且也需要外出散散心、透透氣。於是，我們選擇了一個人比較少的地方——「寵物店」成了我們的主要造訪之地。那裡不僅安全而且很療癒，因為有雅菁最愛的小動物。

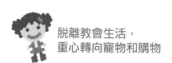

雅菁喜歡小貓、小狗，也喜歡養魚。但太常逛寵物店的結果，就是看到投緣的貓或狗，便直接買回家。如同先前提到過的，那幾年下來，花錢買的跟自家母狗生下來的毛小孩，加一加就超過二十隻，幾乎要擠爆我們三十坪的房子。

為了減少養毛小孩的開銷，我特別去學動物洗剪技術。省錢之餘，也想著將來搞不好可以開間寵物店，一圓雅菁的開店夢想。

然而，照顧毛小孩跟照顧孩子一樣，都有責任在身。那段日子，除了照顧雅菁，我的生活幾乎就是繞著毛小孩們打轉。我買了七個大籠子，每晚睡覺前，就把牠們關起來，隔天一早再將籠子打開，一隻隻地訓練牠們在固定的地方大小便。光這部分就經常會耗掉我一整個上午的時間。

中午稍事休息，下午依舊不得閒。下午的重頭戲是洗狗，依當時養二十多隻狗的狀況，即使每天洗三隻，也要花一個星期才能全部洗完。加上毛小孩的習性跟人很像，容易互相影響，只要有一隻狗隨地大小便或出現壞習慣，多多少少就會有其他的狗狗跟著學，實在弄得我一個頭兩個大。

長時間下來，我終於不堪負荷。每當壓抑不住憤怒的情緒，我就直接把氣出在毛小孩的身上。不管牠們聽不聽懂人話，就對著牠們怒罵。但愈罵心情愈差，罵到最後，連我自己也重拾過去的壞習慣，再度藉由抽菸喝酒的方式，來紓解壓力。有時，還邊喝酒，邊玩線上遊戲，喝茫了又卯起來網路購物，什麼都買，常常一買就是幾千塊幾萬塊，花錢絲毫不手軟。

如今回想那段沉淪歲月，彷彿一場災難，摧毀了我們好不容易建構起來的新生活。在得知開一家寵物店，光添購器材設備就要花上一筆可觀金額後，我和雅菁的開店夢，不得不暫擱一旁。眼前迫切要解決的，是左支右絀的經濟問題。

為了節省開銷、開店圓夢，我特地去學動物洗剪技術。這是當時在學習教室所拍的照片。堆滿笑容的我，還不知道開寵物店，並不如想像中簡單。

Point!

生活捉襟見肘，重披「戰袍」回酒店工作

被我這麼一揮霍，轉眼間，銀行存款就快見底了，這情形才讓我看清現實、擔心了起來。當時，能想到的賺錢最快方式，就是重操舊業，回到那個熟悉的老本行。

決定回去上班之前，我還特地花了一筆錢來治裝，精心挑選一件件亮眼的「戰袍」，信心滿滿地對友人拍胸脯保證，說：**「我一定可以跟以前一樣，在酒店賺很多錢。」**

等實際回到酒店工作後，我發現事實跟我想得並不一樣。不知何故，即使我的打扮和過往一樣豔麗，點檯率卻大不如前，以至領的薪

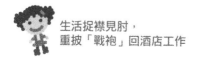

資也只有一點點。依我每天花上大部分時間在「Stand By」來計算，投資報酬率實在低得可憐。

對比以往在酒店工作的情況，不同處除了收入，還有心情。重操舊業的我，整個人變得焦慮不安，很多恐懼在我的心裡萌芽。尤其每到深夜時分，總不自覺想起那一晚——就是因為在酒店上班、沒有在家看顧雅菁，才會導致她發生火燒車的憾事。

那種感覺好恐怖！

一旦想到過去的那些事，一股挾帶著自責跟歉疚的龐大罪惡感，與信仰上的衝突，又會如潮水般，不斷地從內心深處湧上來，讓我喘不過氣，幾乎要窒息。

幾經催逼，終於，我的心又重新出現那一句吶喊：

「天啊！誰來救救我啊？」

再一次地，我想起那位曾經拯救過我的神——上帝。接著，我便拿起電話，撥給教會的牧師。

那一晚，我人還在上班，隔著話筒，牧師語重心長，說：

「這時候，只有上帝可以幫助妳了！」

之後，牧師就帶著我一起禱告。

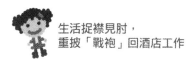

或許是心靈塵封了太久，當我聽到牧師用極富磁性的嗓音，迫切地懇求上帝赦免我的罪，並且請祂再度伸手拯救我的時候，有一股暖流瞬間注入我的心。然後，心，破冰了。眼淚更是撲簌簌掉個不停。當下，我承諾牧師：

「我願意再次投靠天父上帝，讓祂來引導我的生命。」

感謝主，願意重新接納我成為祂的兒女。

那天之後，我和女兒開始真正經歷到上帝的實質幫助，飽嘗《聖經》所謂的「主恩的滋味」，即便財務困難依舊，祂卻慢慢為我們開路，讓我們看見盼望。二十多隻毛小孩陸續有人願意領養，讓我和雅菁不禁驚嘆：「哇！真的有神呢！」

不過，要把辛苦養大的毛小孩送出去，我們母女都非常不捨，雅菁更是難過到不行。我完全可以理解她的心境。先前她已經失去了完整的身體，如今又要失去心愛的狗寶貝們，那種被迫割下心頭肉的感覺，怎麼可能不痛。如果可以，我也好想把牠們都留在身邊，但現實是，我們真的沒錢了。既然沒有能力繼續照顧，唯一能做的，就是趕緊替牠們尋覓合適的收養家庭。

為了幫這些毛寶貝們找到好歸宿，幾次我都趁著跟教會姊妹互動時，鼓起勇氣，嘗試將當時的困難點說出來，雖然向她們坦承，已經窮到連毛小孩都養不起，感覺實在尷尬極了。可是我也發現，原來向他人求助，並不如想像中困難。因為我勇於開口，陸續有姊妹說要領養我們家的狗，也有人堅持掏錢買下家裡的新生幼犬，藉此提供經濟挹注，讓我們至今感念在心。

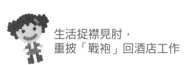

我深知，這些伸出援手的姊妹，都是上帝派來的天使，一定會善待我們的寶貝毛小孩，但在把「孩子」一一交託給人的時候，仍會再三強調，誠摯地告知：

這些狗寶貝都是當初因為投緣才買回家，不然就是自家母狗懷孕生下來的，在我和雅菁眼裡，牠們極為寶貝，不僅提供給牠們最好的吃住品質，還花了許多時間親手為牠們洗澡美容，及訓練基本的好習慣（如不任意大小便），如今，是真的沒有辦法了，才不得不託付給他人，請務必要好好愛牠們。

只要聽我這麼一說，對方多半都會感動地直點頭，承諾一定會延續我們對毛小孩的愛。

「喵」「無敵」「大衛」就像是家人，持續陪伴著我們母女倆，度過生命中每一段快樂與難過的時光，是支撐我們繼續堅強的力量之一。

藉此機會，我要特別感謝那些當初願意接手照顧毛小孩的你們，也要特別感謝上帝，讓大衛（David）、無敵（Woodi）和喵，進入我們的生命，讓我們在遭逢巨大災難後，因著牠們的出現，享受到許多溫暖陪伴，也從彼此互動中，看見一些奇妙連結。

人生的路，處處是驚喜，處處有學習。無論是雅菁的那場意外，還是後來養毛小孩的事情，都在在證明了一個道理，那就是有些事情除非自己親身經歷到，不然恐怕一輩子都很難體會到，那將是什麼樣的感受或學習。

同樣地，要不是重返天父的懷抱，我也不會深刻體驗到，原來上帝的愛，是那麼地長闊高深。

Point!

浪子回頭發現愛，學習順服和交託

《聖經》中有個關於浪子回頭的故事，一直廣為流傳。內容大致是描述一個老父親，在小兒子的主動要求下，將一部分的財產分給了他。拿到錢之後的小兒子，非但沒有好好運用那些錢，還獨自打包離家，到外地過著揮霍享樂的生活。

接下來的劇情演變，就不難想像了。過沒多久，小兒子就因為散盡錢財，不得不返家，向老父親求救。猜猜看，那位老父親會有什麼反應呢？答案是，當老父親一見到朝思暮想的小兒子，就出現在眼前時，不僅沒有責怪，還開心地對著他又親又抱，並且擺設宴席迎接他的歸來，讓小兒子充分感受到無條件的愛跟接納。

我不是故事中的浪子，但重返教會這個「神的家」，感受從神、從人而來的無條件支持，卻是一樣的真實。當毛小孩們一隻隻被送出去、分擔我辛勞的外勞也因經濟不許可而必須離開時，我一度又陷入恐慌，不知道該如何是好。幸好此時的我，已重新擁有上帝的帶領與陪伴，才能靜下心來好好思考「我與雅菁的未來該何去何從」。

這一次是真的要徹底放手，讓神來帶領我的生命了！**首先，就是要戒除那些不蒙神喜悅的壞習慣，像是抽菸喝酒。**說也奇怪，當我下定決心這樣做時，只要一有人靠近，我就很害怕被對方聞到身上的菸味。我禱告，請神幫助我戒菸、戒酒。每次菸癮一來，我就重複地背誦《聖經》的上帝話語，這話語的強大力量，讓我沒過多久，就順利脫離菸酒的挾制。

再來，就是學習順服。那陣子，實在太渴慕神，只要領受到任何來自於神的心意，我都願意順服，譬如說向家人、向孩子、向前夫一一道歉。神當時教導我，先不要看對方待我如何，而是只針對自己虧欠別人的部分去道歉。

對於這種要求，初期難免有些委屈和不情願。實際做了才發現，道歉過程也讓我經歷神的釋放跟醫治。每次道歉後、掛上電話，我就會感動莫名地哭了好久好久，那種整個人被神的愛袮抱著的感覺，總是能挪去我內心深處那份羞愧感，進而重拾自信。

原來，信仰生活竟是如此地輕鬆及恩典滿滿。說實話，那時候的我，也只能選擇交託了。不然，我們母女倆恐怕連要好好活下去，都有困難。尤其是雅菁。

燒傷意外發生之後，雅菁曾向我坦承有過尋死的念頭，只不過礙於行動不便，沒了三肢、坐在輪椅上的她，連出門都沒辦法，更別說要自我了結，所以，也僅止於想想而已。直到有一次，心情實在太差，竟躲進房間，試圖用繩子勒斃自己。幸好，過程中腦海浮現我哭泣的臉，不忍媽媽因為失去她而心碎，才把手鬆掉。

事後得知這件事，我差點沒暈倒，但也好心疼好心疼。一個剛滿十四歲的年輕女孩，正值愛美的年紀，就得過著臉部幾乎全毀、只剩下一隻手的人生，這樣的日子，她該如何過下去？

另一方面，我也想著，既然不幸的事實都已經發生，誰也無法改變結果，那我這個做媽的人，只好先學習改變和依靠神，才能帶著愛去協助暫時沒有辦法改變自己的女兒。那時候，我常告訴自己，要努力成為一個喜樂的人。我為了達到這樣的目標，**開始練習如何釋放壓力、卸下重擔，並盡量停止人與人之間的比較。**我了解，每個人都不完美，包含我自己。除此之外，**我也大量的閱讀**。我想看看其他基督徒們，如何依靠神而活出自我。

當時的我，非常渴望擁有一個嶄新的人生，信仰的教導告訴我，這是有可能的。所以，才能在脫離教會生活一年後，仍然決定以實際行動給生命一次機會。

事實證明，這樣的決定是對的。重返教會後不久，隨著個人內在生命的轉化，我和雅菁終於盼到了前所未有的轉機，我們的「拼豆（拚鬥）人生」就此展開。

Point!

當女兒的創業啦啦隊，攜手展開拼豆人生

沒有人想要碰到危機，不過，危機搞不好真的是轉機。要相信，再苦的人生都可能被扭轉。同樣地，只要嘗試改變，人的個性和潛力，也具備著極大的可塑性。

先來說說雅菁吧！第一次帶著她去教會時，雅菁就跟我分享，有很多叔叔阿姨以極為堅定的口吻告訴她：

「未來，妳會因著上帝的緣故，到處去分享見證，用自己的生命故事來激勵其他人。」

教友這麼簡單的一句宣告，就把一顆希望的種子，種在我們的心中，即使當下也懷疑過「是否真有這麼一天」。但在教會中得到的支持跟鼓勵，的確帶給我們很多前進的動力，雅菁也因此更勇於做各式各樣的嘗試，像是將重心轉移到手工藝品的創作。

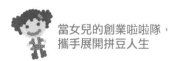

有天，我們母女倆一起去逛大賣場，雅菁看到一群小朋友玩黏土玩地起勁，顧不得自己只剩下一隻手，興致盎然地加入他們，跟著捏起黏土來。當時，我鼓勵她盡量去試，以免總是浸泡在不快樂的感覺中，而她也因為單手捏出的作品參賽獲獎，信心大增。

無獨有偶，因為學妹送給雅菁的一個拼豆，讓雅菁出現一個念頭：「我好像也可以做看看」。試做之後，頗有成就感，她還上網找廠商、買材料，埋首在創作之中，並且愈做愈多。陽光基金會的社工得知後，主動問雅菁有沒有興趣擺攤、賣拼豆？難得有賺錢機會，我們母女眼睛一亮，但壓力也隨即降臨——如此一來，女兒不就得拋頭露面了？

身為孩子的媽，我該怎麼做才好：

■ **該選擇讓她繼續待在家裡，相較之下比較安全？**

■ **該冒著被路人取笑的風險，讓她嘗試走一條自己的路？**

我陷入了猶豫。反倒是雅菁，為了減輕我肩頭上的經濟擔子，還是決定要鼓起勇氣去面對人群。

女兒選擇這條勇敢的路，奇妙的事情發生了——**第一次擺攤的雅菁，居然靠著拼豆作品，賺進兩千多塊錢。**

大受激勵的雅菁，深深感受到，即使她只有一隻手，還是可以賺錢，還是一個有用的人，自信心也跟著提升。

雅菁用上帝給她的信心，跨越了自己的極限，也開始知道「活下來」這件事，是有意義的。更令人感動的是，大家走到攤位前，不再對她吼叫，而是讚賞她的作品，並適時地予以鼓勵，在在都讓雅菁感受到社會的溫暖，變得喜歡接近人群。

「當你真心渴望某件事時，全宇宙都會聯合起來幫助你。」

所言不假。當雅菁忘情投入拼豆創作，並在渴望賺錢的同時，也能激勵到他人的時候，來自各界的幫助也跟著湧入。

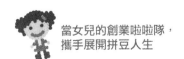

例如，醫院為我們——「一個癌末媽媽」與「一個重度燒傷的女兒」，辦的那場記者會，經由平面和電子媒體的大幅報導，手作拼豆的生意就開始步上軌道。也有學校和公司行號會邀請雅菁去做拼豆教學，或分享一路走來的心路歷程，迴響亦是相當熱烈。

隨著演講邀約愈來愈多，我順理成章地當起雅菁的經紀人。時時刻刻都在練習突破自己，及走出原來的舒適圈。

一來，向來缺乏方向感的我，雖然二十四歲就學會開車，卻只敢在住家附近短程往返，別說要開上高速公路、南征北討了。然而，為了讓雅菁的未來能有所開展，我挑戰自身的弱點，一次又一次地練習熟記路線和方位，並對雅菁信心喊話：「不用擔心，我絕對可以開車載著妳南征北討，到各個機關學校擺攤賣拼豆與演講。」

二來，為了節省開銷，縱使對文書、包裝，及溝通和接洽一竅不通，我還是努力練就一身功夫，當起二人公司老闆的媽媽兼得力小助手，只要是雅菁做不來的事情，我就全部包辦，而且還二十四小時全天候不間斷。

從工作內容來看，我一個人身兼雅菁的祕書、司機、業務、公關、經紀人等職務，但就實際層面來說，我更常扮演的角色是：雅菁的忠實粉絲兼啦啦隊。

雅菁只要一完成拼豆作品，最喜歡問我的一句話，就是：

「媽媽，這個好像做得不是很好，妳覺得呢？」

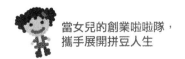

毫無例外，我都會露出極為讚賞地表情，稱讚她說：

「怎麼會有這麼棒的作品呢！我的女兒真的太有創意了，好有藝術天份喔！」

聽到我如此肯定，雅菁自然是樂不可支。緊接著就又開始低頭做拼豆，展現出十足的「拚鬥精神」。我一直沒對雅菁說，我很喜歡看她專注創作的樣子，特別是在夜深人靜時，那樣的畫面總能讓我感到平靜，彷彿有一股穩定的力量，在生命裡流通，溫暖而緩慢。

有時候，看著雅菁用僅存的右手，吃力挑選著色彩不一的拼豆，也就是所謂的膠珠材料，將它們一顆顆擺到模板上時，也常會讓我想到，這個過程不也像極了人生嗎？

亦即，如果生命是上帝給予每個人的一塊畫布，那麼生活中所發生的大小事件，就如同各色顏料一般。身為畫家的我們，既可以選擇放手，任由這些顏料散落在畫布上，變得雜亂無章；也能發揮巧思，創作出一幅獨特的生命之作。

看著專注於工作的寶貝女兒，當媽的，除了欣慰，還是欣慰。眼前的她，正憑藉著僅存的右手，翻轉她的生命。

因緣際會開啟了雅菁的拼豆事業，也是母女倆的拚鬥人生。我常常就陪在女兒的身旁，給她鼓勵與支持，讓彩色的拼豆，豐富我們經歷過的每一件事。

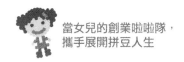

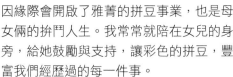

感謝神，透過雅菁的生命轉變，讓我明白這樣的道理。更令我意想不到的是，當我帶著新體悟去回顧過往人生時，很多看事情的眼光和感受也一一更新。換言之，我變得能從一片混亂色彩中看見秩序，也懂得如何在生命的畫布上，盡情揮灑。

更重要的收穫是，活了將近大半輩子，我終於可以在神的溫柔引領之下，緩緩踏上與自我的和解之路。

透過雅菁的生命轉變，我遇見我的信仰。這是我在艱難中的倚靠。這是為我添加自信羽翼，讓我帶著女兒向前飛行的力量。這更是我開啟內心封存已久的門，踏上與自己和解這條路的關鍵。

櫻蘭的花語：人生起點

曾經我是個含蓄、內向、不快樂的人。我覺得自己不夠完美，看不見自我價值、缺乏自信。**神的幫助讓我變成熟，也開始相信——不完美的我，也能衝破難關。**

Part 2 跟自己和解

每每陷入傷心欲絕的心境時，
我最常做的事，就是聽詩歌，
聽著聽著，總是忍不住就放聲大哭，
何嘗不是希望，有人可以關懷我擁抱我！

但我長大了，父母不可能時刻陪伴在側，
失敗的婚姻，沒有可以安慰我的另一半，
二十出頭的雅菁，未必能了解我的心情。

因此，我學著將焦點轉向阿爸天父，
祂深知我心中的孤單與無助，
透過詩歌的撫慰，我在淚水中得著釋放，
這股力量，往往可以幫助我重新得力。

Point!

十七歲翹家，踏入燈紅酒綠的夜生活

我的人生上半場，幾乎處於孤單與不快樂的狀態。直到雅菁被火紋身，不到三年我又被診斷罹患乳癌，才讓我開始轉而反思：自己的人生，究竟出了什麼問題？

二十歲那年，我嫁給前夫。在那之前，我曾經以五百多分、還算不錯的成績，考上當時的省立臺中家商。雖然，跟自己所期待有些落差，但也是進到了一所好學校。後來，反倒是因為自己迷上跳舞，成天無心向學，光想著週末能到舞廳玩。愛玩的結果，除了三不五時翹家，最後連高職也沒讀完，就休學了。

因為交友不慎，十七歲的翹家期間，竟在被強迫的情況下，發生第一次的性關係。由於我從小就不太跟家人分享心事，也覺得父母要是知道這件事，一定很生氣，便帶著害怕又羞愧的心情，一個人離開家，在外過著獨自闖蕩的生活。

為了養活自己，我先到工廠當女工。一陣子之後，我開始半工半讀，一邊在檳榔攤工作，一邊念夜校。不過，因為經濟壓力實在太沉重，我就在檳榔攤老闆娘的介紹下，接觸到所謂的「夜生活」。做沒多久，就發現眼前這份工作確實如檳榔攤老闆娘所說，賺錢的速度非常快。即使我很不喜歡這個工作，硬是做了將近一年。

我的前夫就是在這段期間，進入我的生命，是當時任職店裡的一位大姐姐，介紹我們認識的。前夫知道我在工作上很不快樂，便鼓勵

我，到他任職的公司當會計。也由於他對我的呵護備至，加上不在意我的過去，感動之餘，很快地我就搬進他的家，打從心裡認定，他就是我要嫁的男人。

那時候的我，覺得自己實在好幸運啊！竟能在發生那麼多不堪的事情後，找到一個願意接納我的避風港。或許是這樣的待遇等級前所未有，我當下真的滿心幻想著，公主和王子一定會幸福快樂，從此過著無憂又無慮的日子。殊不知，童話故事的情節很少出現，婚姻生活要面對的柴米油鹽醬醋茶，也使浪漫情節少得可憐。

Point!

倉促完成婚姻大事，生活現實接踵而至

有人說，幻滅是成長的開始，而我對於愛情想像的幻滅，就是從結婚之後開始的。

前夫大我七歲，在我們交往一年後，他就邁入二十七歲了。當時，他的家人顧慮隔年為孤戀年（不宜結婚），若再拖一年，就二十九歲了，結婚不太吉利。所以，主張盡快到我家提親。我自然欣然同意。心想著，婚後有個人可以疼我愛我，又不用再擔心一個人過著孤孤單單的生活，結婚有何不可？當下，也顧不得父母親的不捨和憂心，那年年底我們就迅速完成婚。

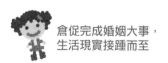

直到踏入婚姻，我才驚覺到，自己不能再是一個處處受呵護的公主了，而是為人妻、為人媳。因為前夫是家中長子，我得同時扛起大嫂的角色與職責。每天負責打理公婆、先生和小叔的生活起居，就連打掃，也是一樓到三樓全部包辦。處境宛如從天堂掉到地獄，但嫁都嫁了，也只好硬著頭皮慢慢學習與適應。

只不過，有些事情仍然讓我無法理解和釋懷。我的公公年輕時曾被電線桿電到而導致身體病變、無法外出工作，因此從很早以前，家中的經濟就是由婆婆一肩扛起。前夫身為家中長子，自然必須協助處理家裡的大小事情，而且他是一個很孝順的人，只要婆婆一有需要，像是要到廟裡拜拜，或前往醫院看病等，前夫幾乎都會放下手邊任何工作，隨侍在側。

事後回想，那樣的日子，並沒有什麼不好，特別是我在婚後一年即生下兒子後，家中的氣氛更是一度和樂融融，每天上演含飴弄孫的畫面。比較大的問題，就出在婆婆為了方便半夜看顧孫子，會要求我們夫妻晚上睡覺不可以關房門。這可讓向來注重個人隱私的我，非常無法接受，為此常跟前夫吵架。但再怎麼吵，還是無解。只好把一切的委屈與不滿往肚裡吞，暫求和平共處。

何況當時，我們並沒有反叛婆婆的條件。在那個階段，我和前夫都沒有工作，沒有收入，只能靠婆婆給的生活費過日子。這一點一直直讓我感到不安。畢竟，我自己的父親是收入穩定的公務員，下班後還會兼差貼補家用，相較之下，前夫卻連一份固定的工作都沒有，而我在婚後接連生下兩個孩子，只能被迫待在家裡帶小孩、當起家庭主婦，心情難免忐忑。

我也曾經向夫家爭取出外工作的機會。雖然，前夫與婆婆也答應了，但後來反而是我自己，因為看到才十個月的兒子，被幼幼班老師強壓著頭睡午覺而哭得唏哩嘩啦，心裡萬分不捨，便決定繼續在家帶孩子，工作的事情才不了了之。

至於前夫，他以前是在餐廳上班。只是後來經常要陪婆婆到處拜拜和看醫生，工作時常有一搭沒一搭，收入變得很不穩定。又加上沉迷於賭博，當然也就更無心於工作。

我本來就是一個容易受到周遭環境影響的人，看到前夫三天兩頭跑去賭博，耳濡目染下，我學會打牌，還一度妄想藉此賺錢，好分擔婆婆的經濟壓力。但實際上，想靠賭博維生的這條路，本來就不太可行，而且下場通常只會愈來愈悽慘。

後來，還是婆婆出錢，資助我與前夫跟朋友合夥開火鍋店。可惜的是，雖然當時店裡生意好得很，卻因為股東間彼此的意見不合，沒過多久便以拆夥收場。我和前夫雙雙退出火鍋店的經營，我也再度陷入毫無工作收入的惶恐不安中。

Point!

借錢開店屢失敗，也無力在婚姻裡付出愛

焦慮，這兩個字講起來雲淡風輕，但真要氾濫起來，威力之大，可是足以癱瘓一個人的心智與判斷能力，終將導致生命的脫序。

為了平復內在焦慮感，我幾乎無所不試。聽到妹妹嫁到臺北夫家之後，在家一邊帶孩子、一邊做手工賺錢，我就天天翻閱報紙的徵人廣告，四處打電話詢問做手工的機會。

剛拿手工回家做的那段日子，我非常開心，因為可以一邊賺錢、一邊照顧孩子，實在是太完美了。但才做一段時間，就發現家庭手工的機會並不多，也考量手工的收入，不如月領薪資來得穩定，便改去

麥當勞應徵時薪比較高的打烊班，後來還陸續嘗試過傳銷和保險業務的工作，但都做沒多久就無疾而終了。

如今回想，那時的自己不懂常心存僥倖，也不太懂得什麼叫堅持。我和前夫的第二個孩子，也就是雅菁出生沒多久，娘家父母親心疼我們工作不穩定，還要養兩個孩子，便借錢給我們買車及做生意。我們開了一家燒臘店，撐了約一年，就因經營不善而關門了。

沒有詳細規劃，就借來做生意的錢，好像特別容易失敗而且輕言放棄。這跟我結婚前的個性非常像，想休學就休學、想結婚就結婚，隨心所欲的結果，往往苦了自己也苦了別人。同時說明了，若是一個人沒有針對個性上的盲點去做修正，日後無論做什麼事情，都很容易落入相同的模式，進而重演失敗。

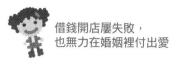

婚姻也一樣。經過不斷地反思和學習後，我才慢慢理解到婚姻不是避風港，而是邁向另一個生命學習的開始。

過去的我，顯然不夠成熟，總認為自己「應該」被好好疼愛，很多事情「應該」我說了算，另一半即使不認同，也「應該」讓我容忍我……。正因為內心塞滿了太多太多的「應該」，當現實與期待出現落差的時候，我的心便會重重地跌落谷底。

只在乎自己有多不快樂的我，絲毫沒有意會到，夫妻感情會出狀況，我也必須承擔一部分的責任。

再者，婚姻不像愛情，是兩人世界，而是凡事都牽涉到兩個家庭的世界。那時候，因為急著尋找一份愛，忽略要事先考慮一些像是兩個人的金錢價值觀、對子女的教養觀，及奉養父母的方式等，才會在夫家為了沖喜、我為了尋求避風港的情況下，匆忙走進婚姻。想起來，還真的是一個好大的冒險啊！

如前所述，結婚時我才二十歲，處於一個「渴望被愛」的狀態，根本沒有能力去愛人。但婚後卻要一直為家中的公婆、小叔、先生和孩子付出愛，著實苦不堪言。現在我才明白，若是一個人的生命創傷尚未修復，進入到婚姻，非但無法得到解決，還可能會把原有的創傷放大數倍，甚至波及婚姻關係，造成無可挽回的局面……。

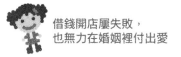

Point!

借酒澆愁愁更愁，出軌尋求情感慰藉

我的婚姻之所以走向決裂，與我決定重返「夜生活」上班這件事，脫不了關係。我一方面想著趕快賺錢，一方面也在逃避不美滿的家庭生活。思毫沒考慮到背後隱藏的危機，及可能造成的傷害。

看到去舞廳上班後的大妹，因為豐厚的收入，改善原本的窮困，提升經濟條件，著實讓沒工作沒收入的我很心動。又加上聽她描述起工作內容，更讓曾經熱愛跳舞的我躍躍欲試。

婚後第四年，也是我二十四歲的時候，兩個孩子陸續脫離襁褓階段，我不斷跟先生吵著要去「上夜班」，雖然前夫勉為其難答應，身旁其他人則都持反對的意見。但我實在承受不住沒有固定收入的焦慮，加上一味幻想「有錢，就可以實現更多夢想、讓家人過好日子」，仍是毅然再度踏上夜生活這條險惡之路。

隨著收入漸豐，我也知道，孩子上課下課需要有人接送，回家也得有人照顧，於是，我就告訴前夫：

「之後就由我負責賺錢，你不用去上班了，只要負責接送孩子、在家照顧他們，閒暇之餘，還能去打打牌……。」

前夫本來就沉迷於賭博，看我的態度如此堅決，他自然是樂得把養家的責任全都交給我。表面上看似相安無事的婚姻，在我去了舞廳上班之後，變質地更快了。

沒有真正體驗過「年輕人生活」就步入婚姻的遺憾，與婚後「家庭生活」產生的巨大壓力，我全都在「夜生活」中，得到暫時釋放。於是，我開始被酒精所挾制。

上班時，我不太愛聊天，而是一直找客人拚酒。簡直把酒當水來喝，因為心裡真的太苦太苦了。人生苦，婚姻苦，這個工作賺錢雖快，但要承受的委屈也不少，也苦。更苦的是，無論是婚姻還是工作，都是我自己選的，受了委屈，能對誰訴說？就算說了，別人能理解嗎？還是會覺得我活該，把我當笑話看？……

我不敢繼續想下去。基於鴕鳥心態，我索性寄情於酒精。矇眼看的人生，總比清醒時輕鬆，至少暫時不用面對現實的殘酷。

我的委屈，不再輕易地對人說起，包括前夫。當內心積壓的委屈愈來愈多，看到前夫卻因為我去上班，樂得輕鬆，我的心裡逐漸產生怨懟和不滿，進而輕看他。

我的情感重心，慢慢向外轉移。那時，我在工作場合認識一位男性友人，他看我常常苦中作樂，一碰到酒，就拚了命地把自己灌醉，便鼓勵我，要找出不快樂的原因，勇敢面對問題。當時不快樂的原因實在太多太多，但主要還是跟前夫的關係不佳有關。如今回頭來想，夫妻雙方若相處出現問題，不應該輕率地對其他異性吐露心情，這將導致婚姻裂痕愈來愈大。

長期在這充滿誘惑的花花世界工作，我的心早就變質了，自己卻絲毫不察，更別說會記得當初到舞廳上班的目的，是為了支撐起我們

共同建立的家庭。於是，走著走著，路就走岔了。是的，我出軌了。我向前夫提議起離婚的要求。一切的一切，顯然，已經走到無可挽回的地步。

當既有的婚姻關係不再能夠滿足我在經濟面跟情感面的需求時，對我而言，那樣的人生，形同離幸福愈來愈遠。於是，在我可以靠著自己賺很多很多的錢，又有人願意主動關懷我愛我時，我的心便像脫了韁的野馬，拉不回來了。

那是我結婚後的第七年，雅菁差不多五歲的時候。我向前夫表達想把兩個孩子都帶在身邊。前夫壓根不打算離婚，所以不僅拒絕把孩子交給我照顧，還獅子大開口，提出一大筆金額，作為離婚條件，企圖逼我打消念頭。

此外，前夫也為我們的將來，畫一塊美好的大餅。諷刺的是，想要吃到那塊大餅的代價，是我必須繼續在舞廳工作兩年，等錢存夠了才可以轉業。因為那時每個月的房租、孩子的學費與生活費，靠前夫偶爾打打零工根本不夠用。總之，前夫想盡辦法，要把我留在那段婚姻關係裡。然而，我心裡所想的未來，跟前夫的期待完全不同。我打從心底告訴自己：

「既然丈夫無法給我幸福，那我就只能靠自己。我相信只要努力賺錢，總有一天，一定可以把孩子接過來。」

我天真地以為，只要有錢、有男友、有兒女在身邊，就會是另一個幸福的開始。殊不知這樣的錯誤價值觀，竟會在未來的某一天，把我跟雅菁推入危險的境地中。

Point!

在真理中反求諸己，逐步修復親子關係

幸福人生的定義是什麼？以往，若有人這樣問我，想都不用想，憑直覺反應，我一定會回答「賺大錢」這類答案。說地更直接一點，我過去的信念是：「賺大錢，等於擁有幸福人生！」

直到經過十多年、當我得以重生以後，再以屬靈的眼光，回望過往的是是非非，才終於認清到，當年自己在扮演妻子的角色時，究竟疏忽了些什麼？

若從《聖經》的角度來看，我犯的最大疏忽就是「搶著當一家之主」。以弗所書五章二十二節提到：

「你們作妻子的當順服自己的丈夫，如同順服主，因為丈夫是妻子的頭，如同基督是教會的頭，祂又是教會全體的救主。教會怎樣順服基督，妻子也要怎樣凡事順服丈夫。」

這段經文說得很明白，丈夫是妻子的頭，理應承擔起一家之主的重責大任，而在要求妻子學習順服的同時，丈夫也要能夠為妻子捨己。換句話說，**一段婚姻最理想的狀態是，夫妻二人都能夠各司其職，並且彼此相愛相扶持**。

處於婚姻狀態還不至於太過緊張那時，我尚未信主，雖然趁著工作之餘常有跟前夫一起去紅茶店喝茶聊天的機會，卻僅止於談一些生活中遇到的表面問題，始終不曾觸及問題的核心。也許是當時的我們，都不知道該如何面對，索性過一天算一天。走出紅茶店之後，我繼續

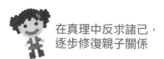

到舞廳跟客人拚酒賺錢，前夫則回家繼續帶小孩，或偶爾跑去打打零工或打打牌。

信仰給我力量，讓我開始檢討過去的自己。那個時候，或許我應該勇於坦承，自己實在不想勉強撐起家中經濟的重擔，或許也應該勇於向自己與前夫承認：

「我錯了，我不應該自以為只要有錢，一家人就可以過著幸福快樂的日子。」

然後，停止追逐金錢的腳步，把家中的權柄交出來，讓前夫挺身來面對經濟難題，即使是被迫的也好。這樣他才有機會從困難當中成長，並學習扛起一家之主的責任。

我不確定若真的這麼做，有沒有辦法為當時的我們，找到一條更好的前進道路。但可以確定的是，我不會因為沒有說出口的委屈和不平，逐漸累積對前夫的一大堆埋怨，甚至是怨恨。後續那些脫序情事，或許就不會跟著發生。

為此，我曾經在信主之後，主動向前夫道歉。我坦承當時的軟弱和不足。即使後來還氣他沒能好好照顧雅菁，一度加深我的恨意，也在神的光照與不想讓雅菁對父親存有壞印象，主動跟前夫修復關係，藉此，讓雅菁能夠原諒她的父親。

現在的我們，縱使在法律上不是一家人，倒是變成可以彼此溝通的朋友關係。我會鼓勵女兒雅菁，主動跟爸爸互動，而這也是我現在可以為孩子做的事。上帝賜給我勇氣與智慧，讓我主動對前夫說出肯

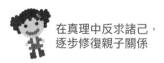

定的話語，並能拋下過去，在孩子面前稱讚他們有個很棒的爸爸。我了解，即使在不完整的家庭裡，孩子仍需要來自父母雙方的愛。

與前夫的關係修復後，與兒子也逐漸破冰。環境所致，兒子從小就獨立，加上長大後本來就有自己的交友圈，對我這個媽的態度顯得有點疏遠。身為媽媽，想愛兒子卻不知如何表達，偶爾見面也不知道該聊些什麼。長年下來，總是挫折連連。

近幾年來，感謝神在我與兒子當中，注入豐沛而飽足的愛，我們之間比以前更常相聚，哪怕每一次見面就短短十來分鐘，我還是會把握，讓他體會到媽媽的愛。我不敢奢望，更不敢強求，我與兒子的關係可以從原本的不及格，短時間內進步到滿分，畢竟，我曉得他對我的誤解或不諒解，都是長期累積而來，這需要時間去修復與經營。

欣慰的是，隨著互動頻率增加，讓我們的感情熱絡許多。如今媳婦生了可愛的小孫女，我這年輕阿嬤也能趁著看小孫女的機會，多關心兒子與媳婦。相信不久的將來，母子關係將能完全解凍。

我與兒子曾經疏遠，我們都被困在冷冽的親子關係中。還好，隨著互動頻率增加，我們逐漸熱絡。照片中是我帥氣的兒子、漂亮的媳婦，還有可愛的小孫女。

我特別喜歡《聖經》哥林多後書五章十七節說的：**「若有人在基督裡，他就是新造的人，舊事已過，都變成新的了。」**

真的很感謝神，讓我在祂的帶領和愛裡重生，明白到一個女人真正的價值是什麼。**在看見自己的尊貴與價值，並能真心跟過去的自己和解之後，我便開始有能力協助孩子，發現自身的使命，進而活出神的榮美形象**。我的女兒雅菁正走在榮神益人的這條恩典道路上。我，也是一樣。在得救重生的進化途中，持續挺進。一路以來我總過著悖逆的人生，與別人過不去，也與自己過不去，神讓我了解順服的必要，我甚至改名「馮順服」，時刻提醒自己。

在完成跟孩子、前夫，及自己的和解後，我終於有勇氣重返原生家庭，揭開長年隱藏在內心暗處的那一道，最深刻的傷疤。

我的女兒雅菁穿戴鋼鐵腳，
正走在榮神益人的這條恩典道路上。
而我多多少少被她的勇氣鼓舞，
嘗試返回原生家庭，揭開與家人的誤解，
療癒那處長年不見光的傷疤。

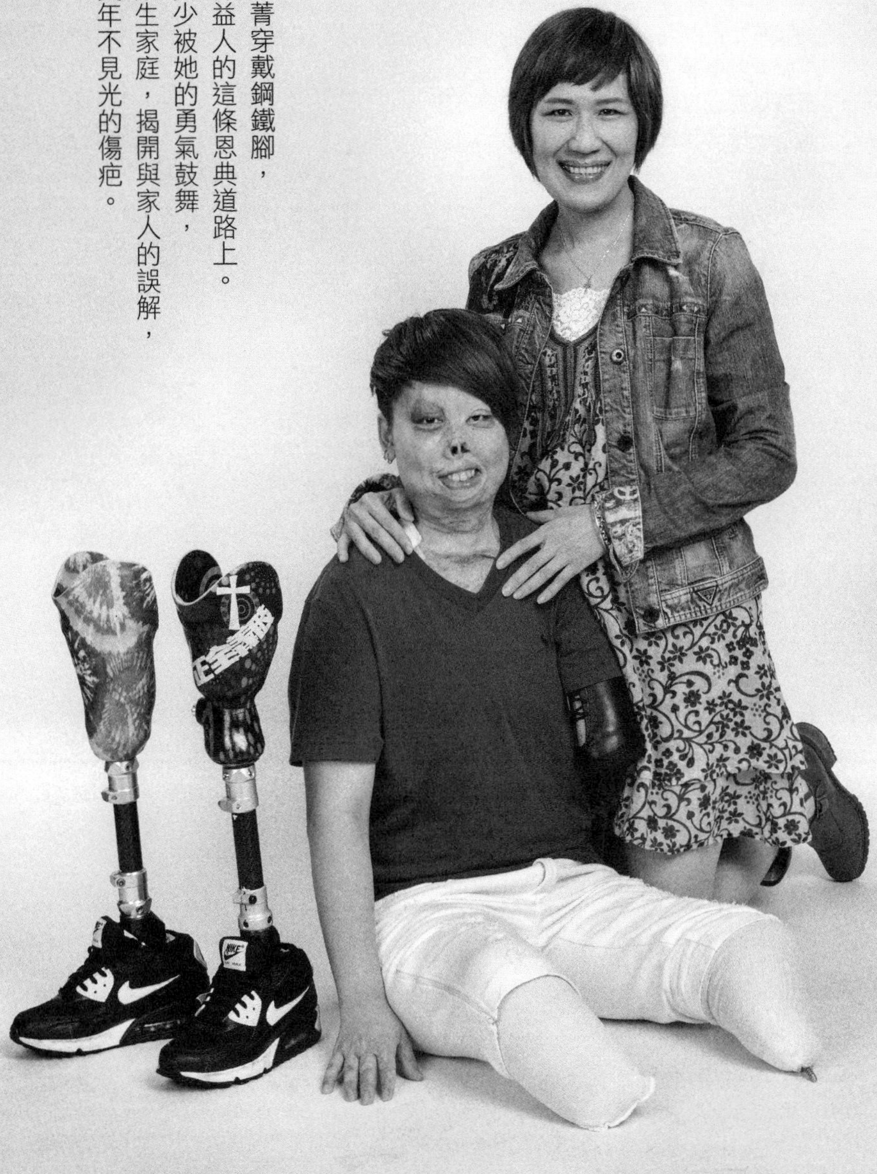

矢車菊的花語：**幸福**

對於父母、手足的誤解，讓過去的我將自己歸進不幸的那一群。**多虧神的帶領，讓我深刻體會，不論以前或現在，自己都被愛包圍——原來我很幸福！**

Part 3
跟家人和解

三十九歲那年，我被診斷罹患乳癌末期，
那是女兒雅菁車禍意外過後的第三年。

聽到醫生宣判：妳只剩下兩年時間，
才驚覺，好多事來不及做、好多人來不及愛，
甚至，認為自己都還沒被家人好好疼愛過，
怎麼可以就這樣離開這美好的世界……

眼見我的時間，進入倒數計時，
我決定踏出鼓起勇氣、踏出第一步。
我必須率先突破隔閡，告訴爸媽：
「我愛他們，而且也好需要他們的愛。」

我渴望，也好需要爸媽溫柔地對我說：
「女兒啊，其實我們也很愛很愛妳。」

Point!

在神的愛裡當公主，進而發現對父愛渴望

我是在認識神之後，才真正經驗到何謂當孩子的快樂。一直到現在，腦海中還是經常浮現一個畫面，就是我穿著像公主般的蓬蓬裙，在天父的大手上開心地跳著舞，轉啊轉的。或者是天父牽著還是小女孩的我，慢慢地走著，有時是抱著。

在神多年來的「愛的襁抱」下，我終於嘗到，一個孩子被父母深刻呵護著的幸福滋味，而那正是我最需要的滋養。回顧過往的童年成長，我感覺自己經驗到的，總是匱乏和不足。

至於，為何感受如此，要先從父親對我的影響說起。

懂事以來，我的父親就甚少出現在我的生命中。年輕的他，為了多賺一些錢，曾跟朋友一起前往沙烏地阿拉伯工作，一去就好幾年。因此，我童年記憶中，關於父親的部分少得可憐。

直到上了國中，父親返回臺灣，才開始天天出現在我的面前。只是那時的我，已經進入叛逆階段，還學會抽菸，心虛加上父親散發出來的威嚴，總是讓我對他感到又愛又恐懼。這也是為什麼，一方面，我積極透過課業表現，來贏得父親讚賞，另一方面，又常以摔門或嘔氣的方式，表達得不到愛的憤怒。

我的父親是一個孝順，而且要求完美的人。五歲時的他，就已經會為了體貼家人，學著下田種花生。長大成人之後，也是一樣，他總是自我要求凡事做到最好。

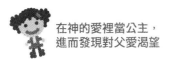

至今，我還清楚記得小時候，每年只要一回到老家祭祖，父親總會拎著大包小包的禮品送給親朋好友。對於家庭的付出，亦是如此，忙碌了一整天、下班回到家，即使已經很累很累，為了貼補家用，還是會打起精神做家庭手工。

印象中，父親永遠是那麼認真。有時，我實在想不通，為什麼他那麼愛工作，生活的態度也總是那麼嚴肅。但耳濡目染之下，父親那「要求完美」和「努力賺錢」的處世態度，也影響了我。

可能又加上大姐過世，排行老二的我，變成家中的長女，父親對我的要求，也變得更嚴厲。他覺得我應該負起照顧弟妹的責任，並且成為他們的好榜樣。漸漸地，要求完美和努力賺錢這兩大目標，幾乎成為了我生命當中，最重要的追求。

後來我才深刻感受到，父母的嚴格並不代表不愛我或不關心我，相反地，其實是在保護我，連我想和朋友一樣去打工賺錢，他們也不肯答應，只要求我把書讀好就好。但那時的我還不懂，就是不快樂，經常感覺想要的愛沒被滿足。當時，為了得到父母更多的關愛，無論是學業功課或家庭手工，我都努力表現，比其他手足來得認真，卻也沒因此變得比較快樂。

一直到很後來，我才明白，當時的不快樂，是來自對自己的不滿意。那種不滿意來自於，我習慣用外貌、功課，或家中的經濟情況，來跟周遭的同學朋友們做比較，並依此衡量自身的價值。換句話說，總是活在羨慕別人、又想凡事都獲得第一的比較心態下，可想而知，怎麼可能快樂地起來呢？

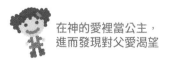

因此，在我進入高職就讀，那個原本自認單純、天真的我，偶然機會下，跟朋友到舞廳跳舞、被老闆大力稱讚時，我竟開始迷戀上五光十色的生活。理由很簡單，在這樣的生活裡，我找到自信，從中贏得我所渴望的第一，及周遭他人的愛慕追求。

這與我後來選擇到舞廳工作，脫不了關係。在舞廳裡，透過那些客人充滿炙熱渴望的瞳孔中，我既看到了一個近乎完美的自己，又可以迅速賺進大把鈔票。這樣的工作，完全符合我心中的兩大終極目標，自然愈陷愈深。

若不是愈陷愈深，肯定多多少少，是對那樣的生活上癮了。不然怎麼會在結婚沒多久、嘗試過一堆工作之後，還是繞回了老本行，壓根忘了起初就是想要脫離「夜生活」，才到前夫工作的地方當會計。

或者即使在離婚後，依舊靠舞廳、酒店的工作維生。我以為每天能把自己打扮地漂漂亮亮，就是最完美的自己。

看到我現在的短髮模樣，可能很難想像，那個階段的我，可是頂著一頭時髦的長捲髮。每每外出都是以進口跑車（雖然是二手的）代步，看似威風有面子，其實根本是虛榮心作祟！

真的，若不是神後來的刻意阻擋，及被祂的愛大力充滿，我恐怕至今都難以斬斷夜生活的誘惑。

不可諱言地，我是因為先學習到如何跟阿爸天父建立關係，才有辦法鼓起勇氣，走向我的親生父親，並向他坦承，身為女兒的我，是多麼渴望得到他的愛。

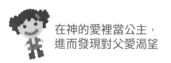

二十幾歲的我，挽著父親的手合照。這時的我們，雖然靠得近，心的距離卻是十萬八千里，我難以感受來自父親的溫暖與愛。直到認識上帝，我才發現我是多麼渴望父愛與關懷。

Point!

鼓起勇氣親近父親，緊張關係終於破冰

人就是如此的矛盾，常常想要愛，卻說不出口。或許是年輕的我還不夠成熟，無法意識到自己渴望的是一份愛，以至於一直活在自我的世界裡，根本不知可以找誰表露心情。要尋求那份看不見的愛，真的很難很難！

到了教會、認識天父上帝，我開始真正了解「父親」這個角色的內涵，與其不可忽略的重要性。天父透過《聖經》教會我「愛裡沒有懼怕」，要我相信自己的父親是愛我的，正如同我犯了那麼多過錯，天父仍願意接納我。秉持這樣的信心，我相信地上的父親，也會如此愛我接納我。

想歸想，踏出第一步還真是不容易。猶豫了好久，直到二〇一〇年、三十九歲的我，被診斷出罹患乳癌末期，醫生宣告可能只剩下兩年的時間可以活，我才驚覺到，若是再不向前踏步、把對家人的愛說出口，恐怕就沒有機會了。

我開始渴望跟地上的父親親近。記得那段日子，每當我開著車、載傷後的著雅菁，準備從臺中返回竹東的老家時，都會緊張地在車上不斷地模擬，等等要對父親說些什麼、要如何表達我對他的愛。每次光是用想的，就會感動到流淚。因為心中的字字句句背後，可是我積累了幾十年的深刻情感啊！

然而，尷尬的是，當我一回到家、見到父親，整個人就害怕擔心了起來，要是不小心講錯話，辭不達意就算了，搞不好還會惹來父親一頓罵。於是，有過好幾次，我都因為恐懼而作罷。往往在離開竹東老家的同時，就開始懊悔自責，自己為什麼不勇敢一點。

後來，我想通了。我的人生都已經被醫生宣告倒數計時了，還有什麼話是不能勇敢說出口的呢。更何況，那個人還是我最愛的父親，不把握機會及時修復關係，我恐怕也難以諒解自己吧！

透過神的話語及為自己打氣之下，某次回竹東老家，看到父親在後院整理自家種的菜，預備晚點要讓我帶回臺中時，我便鼓起勇氣，蹲在他的面前，說：

「爸，我也來幫忙把菜弄乾淨。」

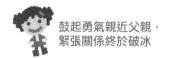

原本，我以為父親會欣然接受，沒想到換來的是他一臉嚴肅，而且還不耐煩地回應我，說：

「不用啦！妳走開啦！妳不會用……。」

立馬，氣氛就僵掉了。我的眼淚，撲簌簌地掉下來。那一刻，我真的好想馬上跑開，遠離那個尷尬的處境，天知道我是鼓起多麼大的勇氣，才有辦法走到父親面前，主動說要幫忙。父親的回應，怎麼會如此的嚴峻冷漠呢？

正當我內心衝突再起，考慮要不要打退堂鼓時，神的恩典臨到，使我能夠再度相信父親是愛我的，只不過表達方式比較嚴厲，就像神為了保守我，有時也會嚴格要求一樣。

憑著這樣的信念，即使眼淚還掛在臉上，我仍試圖將態度放軟，扭轉當下的氛圍。我跟父親說：

「我不會的地方，你可以教我怎麼弄。我可以學。」

父親不作聲。

沉默了好幾分鐘之後，父親才緩緩道出心中的感受。他細數著我一路以來的成長與經歷。說我小時候的表現很好，功課也不錯，要不是因為聽不進建議，做了那些任性的選擇與決定，也許就不會發生後來那些「不好的」事情（這當然也包含他的外孫女、我的女兒雅菁的火燒車意外）。

以往聽到這類的話，我總會覺得特別刺耳，那就像是在被父親責難。奇妙的是，這天我感受到的，是父親對我充滿不捨的愛與關懷，嚴厲的背後，其實是心疼我所受的苦。只不過事情已經發生，人生也不可能再重來一次，我只能哭，哭著對父親說「對不起」。除了對不起，還是對不起。

最後，是父親反過來安慰我，「好了，不要再說了」。我們父女倆首次的真情時間，才暫時告一段落。

在那之後，靠著神加添給我的力量，我仍一次次地嘗試跟父親修補關係。採取的方式，除了常表達對他的愛，也會直接道出心中的感謝，告訴他，我非常以他這個孝順盡責的父親為榮，也謝謝他對家庭的付出和捨己。

關係是互相的。逐漸地，我注意到，父親也會主動釋出關懷，甚至直接說明對我的愛。印象很深的一次，是某次回老家，跟家人發生爭執，事後，父親語重心長地告訴我，家人是愛我的，叫我別再懷疑，很多時候，為人父母的難處，當孩子的不一定可以理解。

那時候，我感動地抱著父親，謝謝他給我，這麼寶貴的一段話，而這也是幾十年來，父親第一次如此真摯直接地說他愛我。

那天晚上開車返家，還接到父親特地打來的電話，確認我是否安全到家。儘管電話那頭傳來的問候有些尷尬和生疏，我仍感動莫名。父親向來不喜歡用電話與人寒暄，那天竟然主動打來，可見他也是正在學習，如何透過行動來傳達為人父的愛。

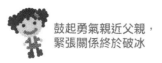

這幾年互動下來，我不僅對父親的愛，愈來愈有安全感，也已經能夠發自內心相信，無論如何我都配得父親的原諒及疼愛，因為我生來就是阿爸天父和父親心目中的小公主。

Point!

自覺母親偏愛弟妹，造成心裡疙瘩

我和母親的關係，也是花了好長一段時間，才打開心結，向她吐露內心真正的感受，並走向和解。

我心裡最主要的疙瘩，在於從小到大，我覺得母親特別疼愛弟弟妹妹，而我卻要負責照顧弟妹，永遠只有付出的份。

為什麼我會這樣想？一來，可能是我身為大姐的關係。二來，可能是我比較不擅長幫忙，煮飯或家事都是門外漢，這難免讓母親感覺，我像個只會回家作客的孩子。

實際上，我是考量母親煮菜，有她固定的一套模式，即使出手幫忙，也常吃力不討好。偏偏我又不敢直接告訴母親，我很不習慣她的做事方法。索性就採取遁逃策略。

此外，一直以來我覺得自己在很多方面，都不如妹妹，像是工作和婚姻。每當聽到父母肯定妹妹的表現，我就會刻意站得遠遠的，宛如一個毫不相干的局外人。

回家過年這件事，我的立場也跟家人不同。父母希望孩子可以同一天返家相聚，每到過年前，我們就得事先討論哪天回竹東。多數時候我是配合的一方。有次，希望妹妹能配合我的行程，卻得不到正面回應。我為此生氣，卻被母親以「身為大姐不該生氣」為由而責備，讓我更氣，有幾年乾脆不回娘家吃團圓飯。

正因日常的相處，已經累積了那麼多的不滿，離婚時，我向母親討救兵，希望她幫忙照顧孩子，卻被一口拒絕，理由是她已經幫妹妹帶兩個孩子，讓我聽了非常不悅。

當時，真的是憤怒到極點。那種覺得父母親偏心的受傷，再度從心底冒了出來，我很不滿，為什麼弟弟或妹妹出事，父母要不就是出錢協助善後，要不就是出力幫忙帶小孩，唯獨對我的態度不一樣。當前夫開出「小孩必須由娘家幫忙照顧，才願意交給我」的條件，卻得不到母親的支持，我的心裡當然很不平衡。

想著想著，內在的怨懟彷彿海水倒灌一般，吞噬了我的理智。我開始把從小到大受過的苦，全都怪罪到母親的身上。罪名是：她不夠愛我。

小時候，當我跟堂姐爭著「誰可以跟阿嬤一起睡覺」、藉此來證明自己的重要性時，母親多半也會出面制止我，說**「不要爭了」**。然後，帶著我離開……。諸如此類的母女互動，讓過去的我，對自己留下了**「不值得被愛」**的負面印象。

總之，一旦仔細回顧過往的情節，就會發現有太多太多可以被我拿來「算帳」的事情。只不過這些帳，似乎不像以前在當會計時算的帳，愈算愈清楚。我心裡的帳，不只愈算愈不平，還愈算愈不快樂，還愈算愈迷惘。

一個人的心在哪裡，注意的焦點就會放在那裡。當我滿腦子都是家人（尤其是母親）如何錯待我的時候，眼前所見的心裡所想的，自然全聚焦在那些不公平的事件上。

就好比有時，我們明明一直跟同一個人說話，同一件事情也說過好幾遍了，或跟一群人明明見上好幾次面、互動過不少次，某天，對方卻突然冒出這樣的反應：

「不好意思，你之前有說過這件事喔？我沒注意到。」

「你有來過嗎？我怎麼不記得了啊？」

那往往是因為對方並沒有把注意力放在彼此的互動上。像是母親教我「如何煮菜」教了好幾年，我怎麼樣就是學不來。就是因為年輕的我，一心一意就想著賺錢，根本就沒把心思放在學煮菜上。等到有一天，我想好好煮一頓飯，才發現母親先前教的那些烹飪技巧，並沒有我所想的困難。

我最想說的是，以往我將焦點放在父母哪裡做得不夠好，以至於忽略掉那些父母對我好的事實。直到有了信仰，換上一副全新的眼光，回顧過往的生命過程中，才體會到**父母愛我們每一個小孩，只是給愛的方式不同罷了**。

更新看事情的眼光後，我才發現母親難為，她得依著孩子的特性，用不同的方式給予愛。照片中間是我的母親，左邊則是我最要好的同學賴玉容。

Point!

體會父母立場難為，憤怒逐漸轉為感謝

當我換上一副新的眼鏡，看見的外在現實也變得不太一樣。我開始反思，父母親不但在某些特別節日，婉拒我們準備的紅包，還在我們每個人結婚、買房子時，拿錢支援我們。

神同時幫助我看到——**愛是無法比較的。**

我的父母親同時要去愛五個孩子的為難，是我目前為止不能體會的部分。就像生養兩個和生養三個，雖然只差一個，但教養起來的困難程度就很不一樣，更別說要同時面對五個孩子的父母了，很多事情肯定更不容易擺平。

以前的我不懂父母的難處，只知道自己需要幫助卻被拒絕。想一想，人生很多事情的確是殘忍而現實的，也存在著所謂的不公平，況且沒有人是完美的，搞不好在別人的眼光看來，也會覺得我的所做所為並不公平。

既然如此，**何不試著放下一切的計較，原諒自己，也原諒別人，才能擁有平安，繼續往前。**

感謝主，讓我得到極大的智慧。在陸續跟女兒、兒子、妹妹、前夫、父親尋求修復之後，我轉而向母親道歉並請求原諒，也勇敢坦承過去遭遇的不幸。說到十七歲那年離家，被友人強迫發生性行為時，母親即使表面上，沒有什麼太大反應，仍感覺得出來她的哀傷。我安慰母親別難過了，一切都過去了。

心結打開之後，我變成一個愛撒嬌的小女孩，有機會就挨在母親的身邊，對她說**「我愛妳」**，並且謝謝她對我對這個家的付出。

我也會主動向母親「討愛」，讓她知道身為孩子的我，是需要她不時的肯定跟關懷。從此以後，我們之間的互動，從以前的「相敬如冰」，進入到一個溫暖的正向循環。

只不過，有一點我必須承認，即便已經走到了和解階段，並不代表過往的內在創傷就能一筆勾銷。就我個人的實際體會來說，和解只是一個醫治的起點，意味著我願意先試著跨越創傷，讓神帶領我以一種全新眼光，看待自己與周遭人的相處課題，並從中發現愛的存在。既然只是個成聖的起點，過程中，勢必會有很多的來來回回，及情緒的高低起伏。

和解階段後，我曾經因為想法或情緒一時過不去，再度跟家人翻起舊帳。幸虧有神的保守，過幾天想通了，便主動向他們釋出善意。雖然，心裡多少還是有受傷的感覺，但我也理解到，**道歉的美意並不在於剖析誰對誰錯，而是出於對這段關係的在乎。正因為我很在乎跟家人的關係，便願意當那個先開口道歉的人。**

說實在的，適當的衝突也是一種溝通方式。

過去，我們家人之間，很害怕衝突。後來，我才曉得，因著那些衝突的發生，反而讓我們的關係變得更加緊密。這讓我想起**「經得起考驗的，才是真愛」**這句話。透過一次次把話說開，及即使有衝突仍舊可以和解，終於讓我發自內心相信家人的愛了。

放下對雅菁車禍無能為力的愧疚與自責，我以一個母親的角色，經營親子關係。說也奇怪，愈是把心打開，我與父母之間的情感，也變得愈來愈好。照片是某年母親節，我回竹東老家餐敘的紀念。

我和多數人一樣，都會落入一個相同的盲點，就是不斷地跟他人比較，總是定睛在別人擁有什麼，然後看著自身的匱乏，而生家人或前夫的氣，甚至朋友或教會的氣。換言之，我一直想過別人的人生，絲毫沒有意識到自己的人生，其實就是上帝給予我最適合的禮物——最適合的家人、最適合的環境——**當一個人不願接納真實的自己，就無法看見人生一切的美好，而那也將是使我們活在不快樂和埋怨裡的主要原因。**

恍然大悟的我，再次告訴自己，我要活出屬於自己的喜樂人生，並從現在開始，對一切發生的事心存感恩。我禱告並祈求上帝，赦免我在過去因為苦毒而錯失的幸福時光。現在的我會善用寶貴的時光，努力活出一個健康得勝，而且滿有自信的馨香人生。

Point!

放下比較心態，在不完美中看見恩典

幾經思索與被神的智慧光照，我領悟到，過去我的內心之所以會有那麼多的怨懟和不快樂，主要原因還是出在自己的身上。

當我的心變了，眼光遠了，看待周遭一切的角度，自然也會變得不一樣。我那時候的最大轉變，就是不再一味地去責怪父母、老闆、前夫，乃至於環境沒有提供我什麼，而是改成拚命去：想自己擁有什麼，及可以給出什麼？

因此，在得知癌症復發的消息之後，我不僅能夠以平靜的心，接受上帝的安排，還充滿傳福音的火熱。那陣子的我，即使身體得承受病痛與治療時的不舒服，仍經常趁著到醫院做看診、化療的機會，用信心的話語鼓勵癌症病友。我發現傳遞正能量給他人的同時，其實也是在激勵我自己，一舉兩得。

一個癌末媽媽，帶著一個重度燒傷的女兒，無視於行動上的不便和身體上的不適，三不五時就會穿梭在癌症病友間，為他們加油打氣。這種另類組合，不引起人家注意也難！

沒多久，醫院的公關就主動找上門來，問我願不願意配合他們召開記者會，現身說法，鼓勵那些遭逢人生低潮的人們。我當然樂意。我曉得，若沒有啦啦隊的加油聲，是很難從谷底爬起來的。經由媒體的報導與宣傳，不只雅菁的拼豆訂單在那段時間突然暴增，還受邀到各個公司行號或學校機構演講。

二〇一二年五月，我剛結束癌症復發後的化療治療，雅菁的鋼鐵腳還沒穿過三個月試用期。我們雖然都被病痛糾纏著，卻在教會姊妹的邀約下，跑到臺北旅行、散散心。

以前的我，怎麼樣都想不到會有這麼一天。我開始帶著雅菁到全臺各地去演講，一手包辦所有對外聯繫的工作。我自認是個害羞膽小的人，卻在罹患癌症後，藉由每天參加教會晨禱，讓神改變我內向、不喜歡與人互動的個性，亦不斷調整更新我的價值觀。

我靠著聖靈，不斷地突破自己，並主動擁抱人。現在我每天都會舉手見證神，在禱告中大聲呼求神，在敬拜中大聲讚美神，天天流淚悔改，神的醫治不止息地釋放我，這讓我愈來愈自信。

神甚至將我長年的羞愧感拿掉，讓我不用持續活在自責中，進而接納一個不完美的自己，也接受雅菁模樣再也回不到過去的事實，即使眼前的人生，並不符合原先的期望藍圖，卻是滿有幸福和盼望，而且看得到未來。

當我的焦點不再只是自己的時候，竟然就變得更輕鬆、更快樂了。這樣的體悟，讓我徹底感到釋放，終於不用再去討好或巴結任何人，也不用再拚命去達到所謂「完美馮珮馨」的標準，因為除了神，本來就沒有人是完美的。

正因為曉得沒有人是完美的，自然沒有「比較」的需要。每個人都是獨特的，正如父母親給每個小孩的愛，通常也是量身訂做——依據個人不同需要，給予相對應的協助。

想通了這一點之後，我終於可以做到跟手足和解，尤其是妹妹，我已經不用再透過跟她們比較或競爭，來證明自己比較優秀。

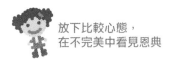

這幾年來，隨著我跟父母親的關係改善、互動頻率增加，跟弟弟妹妹之間的關係也出現轉變，我們從以往的「較勁」變成了「關心」。更讓我感到欣慰的是，再跟二妹修復關係的四年之後，二〇一四年年初，她也決定脫離過往失序的生活，開展一個全新人生。

為了幫助二妹更快進入新的生命軌道，我先是邀請她，搬來與我和雅菁同住一段時間，彼此有個照料。當時，有人介紹她賣咖啡的工作，我們就在一旁給予協助與支持，不只一起發想咖啡的推廣銷售，也當她的第一位客戶，並陪著她去送貨。此外，在她的新工作收入尚未穩定的階段，恰巧碰上教會舉辦兩天一夜的旅遊，為了讓她紓緩因為新生活而產生的壓力，並藉此認識神，我和雅菁決定自掏腰包，帶著二妹一起出游。

因為看到了父母的愛，我拋下以往父母偏愛弟妹的成見，對於手足的怨懟也逐漸消弭，現在我們都是彼此最重要的依靠。照片是大妹（右）與小妹（左）來我家時留下的紀念。

如今再回想這一切，都讓我覺得幸福、快樂，原來在付出的同時，自己也能充分在情感上受益。更開心的是，那一個願意讓我付出的對象，還是自己的親妹妹，這是多麼寶貴的手足情誼啊！

這一路走來的和解歷程，我總算了解，每個人的心中，都有一個令他感到害怕、不願碰觸的巨人，至於那個巨人指的是誰？相信每個人的答案都不會一樣。

有些人害怕的巨人是另一半，有些人則是父母、孩子，也有一些人怕的是手足、朋友。至於我，那個長年讓我感到異常恐懼的心中巨人，指的是家人。

曾經，為了逃避心中那個巨人的追趕，我不斷地在逃避，甚至於還因此逃家，並自此踏入糜爛的夜生活。如今，我不想再逃了！認識上帝是一個全新改變的開始，我深知，**唯有自己先克服內心的巨人，才有辦法影響家人也去面對他們心中的恐懼，全家才能一起邁向自由得勝的人生！**

同場加映

作者的生命學分班——

寫給在困境中
想變勇敢的你

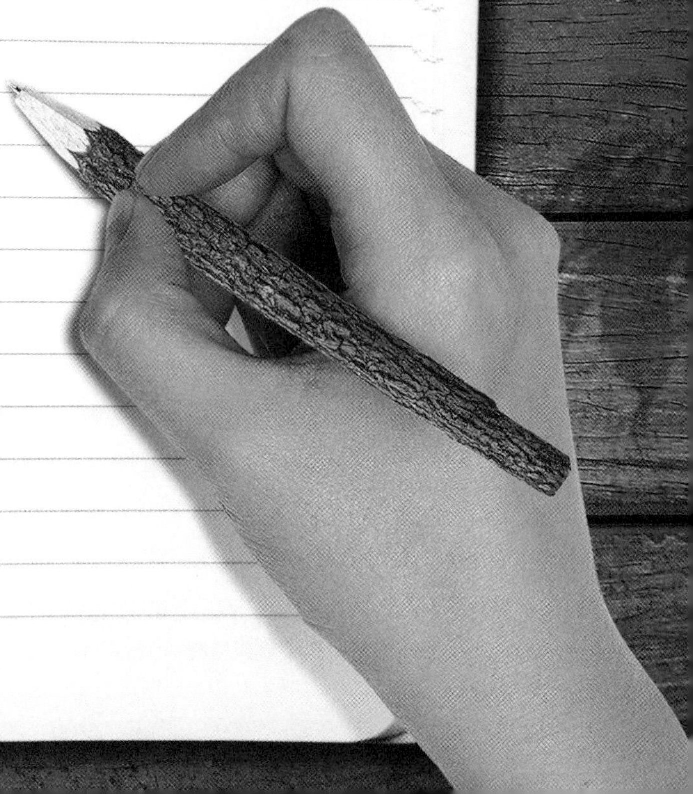

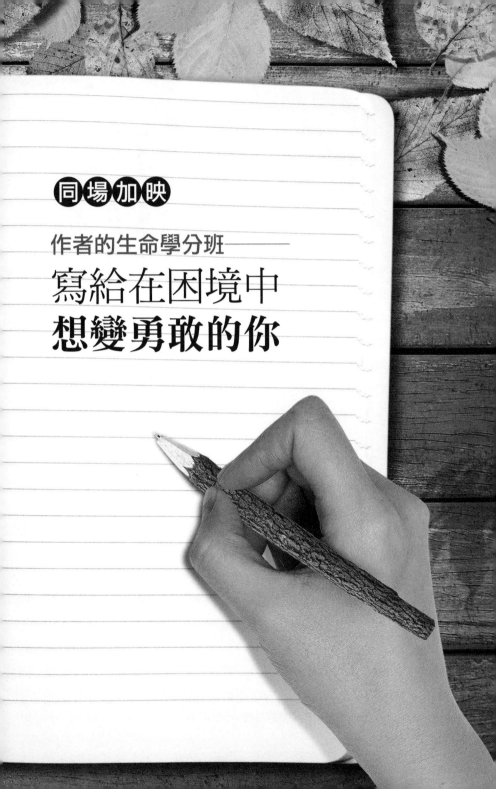

我曾經在講座中，看過一部影片，
短短幾分鐘，描述了一個女人的一生。

印象非常深刻的是，畫面裡的女主角，
從兒時到長大、從單身到結婚、從青春到年邁，
容貌會變，臉上卻始終掛著幸福的笑容。

我一邊看一邊哭，而且哭得好慘好慘，
直到那個當下，我才大夢初醒般——

那個長年不快樂的主因，
不該全都歸咎於他人、環境，
而是我一直沒有真正活在當下，
珍惜生命中的每一個發生。

自信篇
當你覺得自己不夠完美時

降低自我要求，別讓壓力無限上綱

有時，我難免會想，自己之所以罹患癌症，是不是因為過去的想法太過負面？或對自己的要求太高？

以前的我，喜歡時刻都有音樂或電視的聲音，表面上是想藉此驅趕寂寞，實則是一旦安靜下來，我的思緒就會不自覺地被過去的悔恨和遺憾所籠罩。那種感覺很難受的，因為在我的心中，一直有個崇尚完美的標準，以至無法接受自己真實的過去。

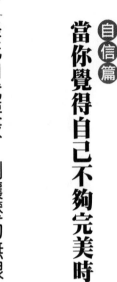

說起來，自己是幸運的。從小，只要我喜歡的事，我都會很認真去獲取好成績，像是我很喜歡考試，所以功課一向不差，成績也常名列前茅。用成績來證明自我價值，是我一直在做的事。

我一直自許能成為一個品學兼優的好學生，總認為那才是一件榮耀的事情。印象很深刻，小時候的我常被老師誇獎很乖，除了咬字清晰，書法比賽也常拿到獎狀。升上國中，由於對英語特別有興趣，英語成績是所有科目裡最好的一科，就讀國中和高職時，都曾被選為班上的英語小老師。

不難想見，當時父母對我的期待會有多高。包含我自己在內，國中時，我一心一意就想考取師專，我嚮往那種站在講臺上教導別人的感覺，也認為那是一件很有趣的事情。無奈事與願違，後來的我的人生歷程，生命路線與先前規畫的大異其趣。在自我評價愈來愈差的情況下，也難怪會悶出病來。

我曾經在一場演講中分享，兒時的我，雖然照片裡總是笑得很開心燦爛，實際上卻很不快樂、很不平安，因為我從小帶了一副錯誤的眼鏡。這裡的眼鏡並非外在的真實鏡框，而是指我的心靈視角。這讓我的觀點一直被扭曲。

正因為戴了一副錯的眼鏡，導致看自己、看人生、看環境都是一路錯到底，怎麼看就怎麼錯，還常把事情給看反了，扭曲背後的真正意涵。尤其很多時候，結論都出自於本身的猜測，再加上以往的認知設定，總是偏向比較不好的那一面，以至於後來自己就把自己的人生給搞砸了。

小學五年級的我，雖然渴望朋友的陪伴，卻因為個性內向害羞，直到國中才結交到一位好朋友。那時，我常期待假日能去她家過夜，逃避待在家裡，要做一位好大姐的壓力。

當時，我根本不懂得要自我檢視，是否真的需要把那樣的角色壓力攬在身上。直到現在我才發現，那時實在給自己過多壓力，而且還是莫須有的壓力。

其實，父母很愛我，只是上一代很辛苦，忙著扶養我們長大。家裡的五個孩子，我的個性較為內向，成長過程碰上不愉快的事，也不敢主動跟父母說，更不知如何適時紓解壓力，以致在那麼年輕就選擇進入婚姻。原以為人生的壓力可以自此改善，但小孩一出生，反而得承受更多壓力，情況還變得愈來愈糟。

相信不只是我，每個人從小到大也會承受了不少壓力，讀書的壓力、高矮胖瘦的壓力、談戀愛的壓力、家人與家庭的壓力、婚姻與子女的壓力，及工作升遷或業績的壓力。但就如同孩子學走路，也是一路跌跌撞撞，有時候還會撞得鼻青臉腫，終究我們還是要學習如何去突破現況。

只不過在突破之前，**我們必須先學習「如何透過轉念的方式，把壓力縮小」**。人每天都會面臨到各種壓力，也常感覺自己幾乎要被壓力給壓垮了。但有很多的時候，是我們把壓力放大了。事情並沒有那麼嚴重，是有方法可以解決的。

走出「追求完美」的框架，學習適度釋放

至於，要如何做，才能轉念？**我的轉念關鍵，是換上一副新的眼鏡，而且是從神而來的新眼光**。

雅菁剛發生車禍時，曾一度痛苦地想死，因為覺得失去外貌的自己，已經毫無被愛的價值可言，更別說要讓自己接納自己，因此她也經常懷疑我：為什麼可以繼續愛她？

為了讓雅菁相信自己，真的值得被愛，我花了好幾年的時間，一再地用《聖經》裡的話，來堅固她。並向她解釋，上帝造我們是因為祂愛我們，我們的被造就是為了要被愛，這不是因為我們做了什麼或長得多貌美，上帝才願意愛我們。

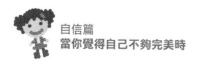

透過這種認知轉換，及全心全意的陪伴，雅菁才終於感受到足夠的安全感，並且相信她的生命本身就是有價值的。

一個人的外貌固然重要，但缺乏實質的內在生命，充其量也只是個不切實際的假象。道理如同，一間屋子空有美麗裝潢，卻沒有穩固的地基，終究還是不堪一擊。**與其無止盡地追求完美，不如從自己的心思意念改變起，一旦長出內在自信，所謂的完美或不完美，便已不再是唯一的生命焦點**。

每個人生來就是獨一無二的，根本沒有統一的完美標準可供參考比較。以我自己為例，從小我就不喜歡做和別人做一樣的事，或用一樣的東西，我總是不斷想著讓自己顯得獨特，這恐怕是我在日後付上極大代價的原因之一。在過去，我一直不願意走出自己建構的美好夢境——賺很多錢來打造獨特，才會堅持在單一條路上（指「夜生活」的工作）來來回回，還不自覺已經走偏了。

遇見神之後，我被改變了。即使還是擁有一顆想活出獨特的心，卻已經懂得要尋求正確的方式。被激發被改變的我，不僅變得熱情許多，還可以提起勇敢，主動去擁抱人群，甚至拉下面子向他人道歉，我曉得，任何的爭執不可能只有單方面的錯，但我願意為自己那部分負責，先做那個和睦的人。習慣執行這些原本對我而言尷尬的舉止，讓我跟家人跟鄰舍跟朋友的關係變得更好了！

我的女兒，是上帝派來幫我加分的天使。雅菁意外之後，比以前更需要我這個媽，我必須隨侍在側，給予生理上的協助，或心理上的鼓舞。堅固她的過程，同時幫助我相信，生命本身就有價值。

當我嘗試走出那個「完美框架」所建構的狹小世界，才驚訝地發現，其實自己被許多愛包圍。從此，我便決定要更加勇敢敞開自己，讓心思意念回歸單純，即使是在孩子面前，我也會坦然表現出自己的脆弱，讓他們明白，媽媽不是聖人，一樣會有傷心難過或不小心犯錯的時候。我與雅菁生活在同個屋簷下，唯有真心接納彼此的不完美，才有辦法自在的生活。

在這裡，也要鼓勵大家，**找出一套釋放自我的方法，內在壓力疏通了，腦子也比較不會一直鑽牛角尖**。我的釋放技巧很特別，就是**去向人道歉**，不騙人，道歉真的可以讓人得到釋放。另外，不妨也嘗試看看**放聲大哭**，我每次都是在這樣的情形下，重新得力。

如果以上兩個方法，馬上要做卻不太習慣，也可以採取一些像是**運動、到戶外踏青**等，較為貼近生活的模式。有的人，則是**選擇吃一頓大餐來犒賞自己**，我覺得也挺不錯的。或是**找三五好友出來聚一聚、聊聊天**，對人講出來了，也就釋放了，但切記不要只是聊一些八卦，以免最後聊到一肚子氣。

總之，**擁有一顆願意改變的心，學習勇敢做自己，及用正面的視角看待事情**。如此一來，就能像現在我一樣，不斷地享受自己所結的果實，好甜蜜、好豐盛、好滿足！

用感恩和寬恕，擴張生命的廣度和氣度

要能不被「追求完美」的魔咒所挾制，還有兩個祕訣，就是懂得感恩與寬恕。通常，一個人能夠發自內心覺得感恩時，寬恕這件事，也會變得比較容易。

我的雅菁寶貝發生事情後，做媽媽的我不知哭掉多少眼淚，幸好上帝及時扭轉我的眼光，讓我看懂苦難背後的意義。雅菁的事情帶給我最大的學習是，**家人間有事情一定要提出來討論，並且一起面對和分擔，而不是各唱各的調、各過各的生活**。

這確實是我非常非常需要學習的部分。過去我的成長，每每碰到事情，我都不敢說出來、跟父母討論，以至於很多負面想法，一直在

心裡累積。為人母後，我用相同方式，對待孩子，把賺錢擺第一位，忽略要跟雅菁談心。直到發生事情後才體會到，錢，固然可以解決很多事情，卻買不到最珍貴的親情、友情及愛情。像當時，即使再多的錢，也換不回雅菁被截的兩隻腳和一隻手。

人很渺小，如果不去處理心中的苦毒埋怨，負面能量便會一直影響我們日後所選擇的每件事。後來的我，已經能夠回頭感謝這一連串的意外，正因為有這些事情的發生，我才得以學會從不順遂當中去發現自己的盲點，進而從事觀念上的修正。

比方說，以往我認為努力賺錢才能報答父母，**雅菁的意外卻讓我深刻領悟到，身為子女的人，只要讓自己好好活著，對父母來說，就是最好的回報**。

後來我罹患癌症，被醫生告知只剩下兩年可活時，這樣的感受尤其深刻，覺得不論日子貧窮或富裕，**人只要健健康康地活著，便已經是一件值得感恩的事了**。

抱持著「每活一天就是賺到一天」的生活態度，我發現自己比以前更懂得知足，心情也變得更好。與人相處時，也大多是記得別人的好。當我感覺自己，每天都被那麼多的「好」包圍，心境自然很難壞到哪裡去。

此外，**懂得知足感恩的人，通常也會比較能夠真心地寬恕他人**。同樣拿雅菁車禍的那件事來說好了，肇事者從頭到尾都沒有出面，即使法律扶助基金會幫我們爭取到一千多萬的賠償，也形同紙上富貴，根本要不到。最後，我們還是選擇原諒對方，並且放下恨意。雖然，對方沒有在火燒車的第一時間協助求救，但當初說要飆車，也是孩子們共同的決定，對方事先並沒有要傷害雅菁的意思，更沒有人能預料到會發生這樣的不幸。

其實，**我們可以練習原諒別人無心的過錯，畢竟，有時候我們也常會無心傷害別人而不自知**。即使心有受傷，仍然選擇給彼此再一次的機會去愛，愛擴張了，我們就會得到更多的朋友。朋友就是我的益處，也能擴張我生命的廣度和氣度。

每個人都不完美，因而我們要在失敗與成功、歡笑與苦難的跌跌撞撞中，調整和修正步伐。沒有人是不犯錯的，發現錯誤，就盡力去改正，一次不行就兩次，甚至十次二十次三十次……，直到學會了，就可以邁向下一個階段的考驗，領取更多的獎賞。

二〇一五年八月，我陪同雅菁到一家知名企業演講。會後，公司高層不僅獻花給雅菁，連我也一起受邀上臺。那是我第一次在演講場合特別被介紹。公司副總獻花給我的同時，當著所有聽眾的面說，他現在要把花獻給全世界最偉大的母親。我聽了好感動。

感謝上帝透過這位企業高層來激勵我。原來只要盡自己的本分，不斷地給出愛和鼓勵，便能夠得到了自己給出去的一切。也就是說，我是如何的欣賞別人，最後別人也會這樣欣賞我。

站在人生的十字路口，我和各位讀者一樣，每天都要面臨許多的抉擇，願我們都可以選擇那條正直、誠實、愛人共同邁向一條蒙福的生命道路。

我抛去自己不被愛的負面情緒，開始從自己做起、給出愛後，周圍似乎也慢慢充滿了愛。我與女兒雅菁的關係，就在付出愛與接收愛之後，變得愈來愈好。

家人篇

當你感受不到家人的愛時

愛一直都在，等待你勇敢支取

每當我們的日子過得太繁忙，難免會忘了如何去愛人與被愛。特別是家人之間，因為關係太過親近且理所當然，反而讓我們忘了要把愛說出口。若現在的你，正苦於感受不到家人的愛，何妨不成為那個先開口的人，主動將愛的需求表達出來呢？

還記得，有天早上，我打電話回竹東的老家，依照慣例又是母親接的電話。其實，曾經有過好幾次，我都試著想跟父親說說話，但因為各種緣故而沒能接上，我也多半以「那就下一次再說好了」來安慰自己。這天，不知道為什麼，我竟然鼓足勇氣，非常堅持，就是非與父親通上電話不可。

「喂！」當父親渾厚的聲音，從電話另一頭傳來時，我忍不住在心裡大喊一聲**「耶！我終於做到了」**。

我本性是個很容易放棄的人，每次只要找不到人或做不好一件事，我心裡難免就會浮現**「放棄吧」**這個聲音。那陣子，我常跟母親講電話，但每次想跟父親講講話時，總是遇到攔阻。直到這一天，我才終於學會了《聖經》所說的有「**迫切的尋求**」，也就決定嘗試看看，沒想到還真的盼來父親接電話。我心裡得開心，難以形容！

電話這一頭，我像個小女孩，撒嬌似地說：**「親愛的爸爸，要跟你說話很困難耶！」**

沒想到，八十高齡的父親也在電話另一頭笑著，說：**「我一直都在啊！怎麼會找不到我呢？」**

我們父女聊了幾十分鐘後，才不捨地掛上電話。對我而言，這是一個非常珍貴的經驗。掛上電話，我泡著咖啡，心頭突然感受到一陣溫暖。我哭了，並且不斷在心中一直吶喊著：

「我真的好笨喔！爸爸是愛我的，面子又沒有那麼重要，為什麼要到現在才承認才相信呢？爸爸一直都在啊！只是我自己以為的恐懼而不敢去接觸他。」

這麼想著的同時，我又被愛充滿了。

原來，我們不只習慣壓抑自己真正的感覺，也習慣孤單的感覺，甚至習慣接受那種，失去也沒關係的感覺……。

然而，所謂的「醫治」就是相信你所需要的，就像我相信父親是愛我的，即使他甚少主動打電話來關懷問候，我仍然要用超越理性的信心，相信他的愛，即使他臉上出現的是對我的擔憂和失望，我也仍然要用跨越自我感覺的信心，來相信他是愛我的。

回想當初，我也是憑藉著相同的信心，進行記憶重整，方能從過往片段中看見父母賦予我那獨特的愛——

有一次，我騎腳踏車一個不小心，腳扭傷了，依稀記得就是父親的背影，帶著我去就醫。又有一次，是我和父親去採筍子，我的腳因為路不平，而被磚塊刺傷，父親也是趕緊放下手邊工作，帶我去醫院。還有，每次在家做手工時，父親總會誇獎我是師傅，讓我感覺自己是一位工作勤快又認真的好孩子。

對母親的一些正面片段，則是在我國中時。那時，雖然家裡的經濟狀態，尚處拮据，我的母親還是願意花錢，特地買了一些補腦的營養品給我吃。

結婚後，有次跟高中同學聊起過去，透過對方我才得知，翹家期間，母親為了替我辦妥休學手續，不斷地在沙鹿和臺中兩地奔波。同學說這些，就是想告訴我，母親是非常愛我的。

至於，為什麼別人眼中的慈母，在我心中卻是一點印象都沒有？這曾經也是我很納悶的地方。這或許也正說明，**很多的時候愛一直都在，愛的故事也不斷地在上演，只是我們往往會因著內心的創傷，而被矇蔽了眼睛。**

現在的你，正渴望著感受家人的愛嗎？那不妨**先嘗試憑藉信心跨越傷痛。如此一來，才有機會藉由關係的修復，重新發現愛的存在。**真的，愛一直都在，並且等待著你勇敢去支取。

以正向家庭關係出發，主動向人釋放善意

家，是學習最好的起點。自從跟家人關係修復，及罹癌緣故讓我意識到要把握當下後，向來害羞內向的我，竟會開始主動跟人寒暄、打招呼。

成為癌症患著後，我常在自家樓下散步，並強迫自己練習與人寒暄。對一般人而言，這麼做可能輕鬆容易，對我卻是極為困難。但我發現，只要秉持著一顆單純的心、踏出第一步，通常都能得到正面回應。人都是美善的，只要願意先喜歡對方，對方自然也會喜歡你。更讓我感動的是，**當我練習對世界敞開心，並且時常帶著微笑走在路上時，我發現路人也會對我點頭微笑**。

這個當下，我也會趁勢對雅菁機會教育，說：

「妳看，他們正以微笑，在向我打招呼微笑耶。只要願意分享自己的喜樂，便能回收相同的快樂，何樂而不為呢？」

有一陣子，去公園跑步，已習慣逢人就點頭的我，也會吸引一些人主動來找我聊天。言談間，我會跟對方分享健康的重要，也會聊到罹患癌症後，如何靠信仰走出恐懼的陰影，及與家人和解的過程。對方聽完我的分享，通常會大受感動。這讓我知道，原來自己真的能以一己之力，為社會注入一些正面能量。

藉由分享自己的經驗，我也認識了一些很棒的朋友。以前的我，覺得運動就是運動，頂多低著頭想自己的事。現在不一樣了，我開始喜歡觀察人，想的是，如何藉由交談，融入對方的生活，並聽聽對方有沒有需要幫忙的地方。

有次，看到一位老人家帶著兩隻狗到公園活動。那天很冷，卻只有一隻狗穿著厚衣裳，另一隻卻沒有。問了才知道，穿衣服的是狗媽媽，我又問，**「那為什麼狗孩子沒穿衣服呢」**。印象中，老人家似乎是在說自個兒的日子，也不是挺好過，根本顧不了那麼多。

當時，我馬上想起，家中有一些還很新的幼兒寵物衣物，本來就打算要送人，只是一時不捨，還擺在家裡。

「送，還是不送呢？」反覆掙扎幾天，我還是決定把寵物衣物送出去，並不斷地叮嚀自己，別去在意對方是否會好好珍惜。

透過這次經驗讓，我再次體驗，**在幫助別人的同時，我是很開心的，心中充滿感恩，感謝對方願意接受我們的好意。**

如同我先透過跟家人修復關係，再慢慢往外擴張，學習跟家以外的人建立互動。什麼事情都可以學習，只要適時給予支持跟鼓勵，每個人都有進步的空間。這也是為什麼，我總是不斷讚美雅菁做的拼豆好漂亮，就是為了協助她，培養能夠踏出家門的自信，讓家成為她最重要的開始，進而勇敢築夢。

唯有在一個充滿肯定的環境裡，孩子才能將天賦，發揮到極致！孩子是非常需要父母與師長、手足與朋友們，用充滿信心的眼神、口氣來鼓勵的。孩子最單純了，大人的態度一定要誠摯，因為他們都知道我們說的是真是假。

家，是最溫暖的港灣。一如夜深人靜之際，只要想起人在竹東的一對年邁雙親，他們長年來默默守護，我的心就會變得暖烘烘。

婚姻篇

當你在親密關係中受苦時

明白女人價值，才懂如何勝任妻子角色

每個人身上都具備著勇敢的特質，即使進入到婚姻關係裡面，也仍然可以保有自信的那一面。

當然，我知道要保勇那份勇敢與自信，並不是太容易。以我自己為例，當初也不斷地努力地想在婚姻關係中，尋求安全感的保障，結果還是落空。

婚前，前夫給了我一個家的美好藍圖，那幅藍圖裡，不只有相愛的夫妻、一雙可愛的子女，還有具備一定程度的經濟水平，並且用心奉養兩家的長輩，如此安穩地攜手共度一生。

然而，事實是進入婚姻之後，除了要擔更多的責任，前夫還連最基本的經濟穩定都沒能做到，不僅沉迷於打牌賭博，甚至還曾動手打我。當然，我也有做得不夠好或不對的地方，但他的那些行為表現，在在都導致了我的不安全感。

如今，雖然遺憾我沒能在婚姻裡重生，但倒是感謝在離婚、雅菁出車禍之後，我還能開始學習「**改變別人前，要試著改變自己**」。舉個最簡單的例子，以往只要心情一低潮，我的充電方式就是有抽煙、喝酒、談戀愛、購物，以致導致後續一連串不幸的事件，像是婚姻的

破裂，及跟家人的決裂。那種充電模式，看似換得一時的快樂，最後卻是愈充電愈耗盡我的心力和金錢。

沒有任何一件事情，是不用付上代價的，親密關係更是如此。當我不斷地從一段又一段的關係中，尋求短暫的被愛感受時，付出的代價便是增添更多的傷害，並導致更深刻的自卑感。我想，到頭來還是要先將自己準備好。

所謂的準備好，也包含具備正確的婚姻價值觀。

或許受到原生家庭影響，及傳統社會價值使然，以往的我，總活在男尊女卑的思想中，直到認識上帝，透過祂的眼光，才得以打破以前的思想架構，透過明白自我價值，來理解身為女人的意義。

女人並非沒有價值的，更不是低於男人的。我之所以對此感觸特別深，是因為我的母親，並不是我的阿嬤原先預定的媳婦人選，基於孝順的理由，父親秉持的觀念是「媳婦可以再娶，但父母不能沒有」。這種想法之下的對話與相處，在在都對母親造成深刻的傷害，也讓同樣身為女性的我，同感悲哀。

長大後，難得遇到願為我死心蹋地的男人，因著渴望尋求被愛，年紀輕輕就踏入婚姻，幻想每天被另一半呵護、過著公主般的生活。可想而知，那根本是不可能的事。畢竟，**一段健康的婚姻關係，本應建立在倆人同心同行的基礎上**。

上帝的教導讓我明白，**夫妻不僅要相互信任，也要學習擔當彼此的軟弱，而不是其中一方自顧自地向前衝，把另一方落在後頭，最後**

還反過來嫌棄對方沒上幫忙，而生氣埋怨。換言之，一張好的計劃藍圖，靠夫妻倆攜手完成，才不會走著走著就分道揚鑣了。

在此，還要跟大家分享的一個反思。過去的我，一直期待別人了解我、同理我的需要，但尋尋覓覓好幾年，發現還是沒有人可以真正符合這樣的條件。直到後來才終於明白，花時間尋找一個跟你有相同成長背景或生命歷練的對象，到頭來只會讓自己更累，因為根本沒有這樣一個完美人選。與其尋尋覓覓卻遍尋不著，不如**學習放寬心胸來欣賞彼此的差異，進而互相激勵、彼此打氣。**

無論在婚姻關係與否，人都不可能處在一個人的狀態，一踏出家門，只要碰上自身以外的第二個人，對方跟你又是截然不同的獨立個體時，就不可能會有平靜了，勢必會經由互動激起一些火花。

由此可見，最重要的關鍵還是在於，**學習「如何跟自己以外的他人相處」。尊重彼此的不同，但也該試著異中求同，如此一來，才能因著關係的平穩，而達到真正的內在和諧。**

親子篇

當你為教養小孩感到無力時

愛其所愛，讓孩子充分感受被愛

一段不和諧的婚姻關係中，孩子永遠是最無辜的受害者。其實，他們要的不多，頂多就是陪伴，和一個家的溫暖而已。礙於現實的殘酷，像父母的關係不睦或離異，使他們無法享有健全完整的愛，是很可惜的一件事。

不過，既然我和前夫的離婚已成事實，往後真正重要的是，如何讓孩子在單親家庭的成長環境中，依然感受被愛。我曾經在一本書中看到這麼一段話：**「當一個孩子愈覺得自己被愛，父母要管教這個孩子也就愈容易」**。意思就是，必須讓孩子先能夠認同他的父母親，這樣一來，父母的管教才會真的在孩子的生命中發生作用。

感謝上帝，給我一個照顧車禍女兒的機會，多年前我在蓋瑞・巧門博士寫的《愛之語》一書中，學到五種「愛的言語」，包括肯定語言、肢體接觸、精心時刻、行動服務、互贈禮物。

愛之語，幫助我與女兒的互動。畢竟，不一定每個人都能在健全的環境下長大，透過閱讀專業書籍，讓我探索自己為何總是緊張害怕與人接觸？為何冷淡無熱情也不愛服務別人？也看見孩子，如何承襲我的性格，甚至在車禍截肢後封閉自己的心……。

經過這幾年的努力，我終於學會如何跟截肢後的女兒巧妙互動，也用我在基督裡領受的愛，持續修復以往陪伴的不足。舉例來說，我一向不重視吃飯時間，總是很隨意又不定時的用餐。然而，透過書中教導的營造「**精心時刻**」後，我會盡量找時間與雅菁一起用餐，因為我曉得孩子喜歡被陪伴的感覺。

另外，我過去抱持「賺大錢等於幸福人生」的信念，因此從不會浪費時間，在我自認為沒有意義的事情上，更別說要養什麼小動物了或什麼盆栽植物了，光是要照顧牠們或它們，就不知道會花掉我多少可以賺錢的時間。後來，是因為雅菁出事，哪兒都去不了，她又愛養小動物和盆栽，出於一個母親的彌補心態，我才開始試著走進她的世界，並且愛她所愛。

有一次，我帶雅菁去寵物店看魚，為了與她的世界同步，我便站在她的身後，一起欣賞水族箱中的魚。原以為這只是一個生活中微不足道的舉動，沒想到，女兒卻在事後開心地告訴我，說**「媽媽，我覺得妳好愛我喔」**。我這才明白，孩子想要的愛，竟然是如此簡單，說穿了，就是一個全心全意的陪伴。

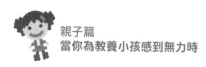

至於兒子，因為他幾乎都跟我的前夫同住，我們的互動機會非常有限，一些關心或想念的話，即使見了面，也未必能直接表達。為了彌補這一點，我曾透過寫信，訴說我對他的愛。信裡寫著：

以前，媽媽我不喜歡跟我的父母商量事情，那是因為父母曾經拒絕我，使得我以為父母不愛我、不挺我。其實，有時父母的答應，是因為他們覺得那件事是安全的，有時他們的拒絕，則可能意味著事情的危險性。父母只是沒有辦法像外國人那樣，把愛掛在嘴邊，也就是沒能在拒絕之後，補上一句「孩子，我是愛你的」。

成長過程使然，我總是任性不再求人，以至於一路走來跌跌撞撞、坎坎坷坷，等出現大問題時才回家求助，父母也因為太久沒有聯絡、關注，而不知道從何幫起。如果可以，我希望我們之間，平時應有一些家庭日，好一起商量、討論每個人對未來的想法，或許短時間不能解決，但我們可以放在心中，為彼此祈禱祝福。

你妹妹雅菁以前也不喜歡跟我說心裡話，是透過慢慢分享，我才知道要如何協助。一個人的成功，身旁的幫助者很重要，甚至需要很多幫助者。你是我所愛的孩子，我愛你，也一直在學習怎樣愛你。給我們多點機會彼此了解，好嗎？

收到這封信的兒子，事後雖沒有太大反應，但我們的關係，確實正在逐漸靠近，也變得比以前更願意對彼此敞開心。

帶孩子需要很大的智慧，有時要給予充分的愛和陪伴，有時則需要放手，讓他們學習面對孤單，此外，**讓他們面臨適度的挫折和等候，也同樣必要**。這些都是有助於靈命成長的營養劑。

更重要的一點，是讓自己成為一個喜樂的父母親。當我的心，愈來愈健康時，我發現孩子臉上也愈來愈常綻放出笑容；當我著重在自己的改變時，通常孩子也會跟著改變。到頭來，你若問我什麼是最好的教養之道，其實還是不脫「身教」這項基本原則。

我改變自己之後，親子關係似乎就逐漸獲得修復。我把握每個與孩子相處的當下，不再求自己達成完美母親的目標，但求成為一位喜樂的母親。

生命篇

當你找不到人生的盼望時

從絕望中體驗脆弱，從信仰中找到寄託

除非曾親身碰到無法掌握的意外事件，否則永遠不會明白，更無法了解自己是多麼脆弱－相信身處過絕望的人，多少都會有這樣的感觸，而我也不例外。

女兒發生車禍前幾天，二〇〇七年七月五日，半夜，女兒一直不斷打電話到我上班的地方，為了她，我只好提早離開酒店。一心趕著要回家，卻在離家不遠處撞到橋墩。夜晚的撞擊聲音特別響亮，吵到

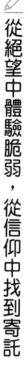

附近的鄰居，他們報警之後，我因酒駕被拘留了一個晚上，隔天由朋友支付一萬元交保，才重獲自由。

面對突然其來的事故，我一方面覺得自己很倒楣，因為修車費用加罰單大約要二十萬元。另一方面也覺得自己很幸運，發生這麼大的撞擊，竟然只有一點點皮肉傷。於是，隔天中午還帶了雅菁去吃一頓好料，壓壓驚，就當這件事情已經過去，晚上也照常去上班。沒想到事隔五天，竟換成雅菁出車禍，還差點沒命。讓人不禁感嘆生命果真充滿了意外啊！

更讓我想不到的是，當我好不容易陪雅菁熬過復健期，以為一切漸入佳境時，卻在雅菁車禍三年後的某天摸到乳房有硬塊，做了穿刺診斷是良性，但醫生仍建議切除比較保險。

原本以為一個簡單的小手術就結束了，哪知道刀一開下去，才發現竟是惡性腫瘤。事不宜遲，醫生建議馬上安排時間，做全身麻醉的大手術，而且連淋巴都要一併切除。

聽到出我意料的消息，還被告知只剩下兩年時間可活時，我整個人都快暈過去了。心想，怎麼會這樣呢？

我還這麼年輕，我走了，雅菁一個人怎麼辦？還有兒子，當時的他，還沒成家立業，心裡實在是放不下啊。再想到尚未好好孝盡年邁的父母，心裡更是充滿了遺憾和不捨。

心，愈想就愈慌。

有次，承受不住軟弱，居然在兒子面前大哭起來，也開始向家人交代後事。即使心有不甘，仍做好隨時離開人世的準備。

也幸好，那時已經信了主。我便選擇把一切交給神，堅定地依靠神，也開始接受一連串的治療。

我的情況並不允許去尋求名醫，心情難免煩躁，但**我對上帝的信心產生力量，讓我信任醫生，也相信自己不會死**。在如此堅信下，醫療團隊還曾為我開醫療會議，加上我的全然放手與配合，**沒有負面情緒與死亡的意念在細胞裡亂竄，整個人變得非常喜樂**。不知道是否因為屏除心中負能量，原本轉移骨頭的癌細胞，在第一階段化療結束，竟完全被醫治了。二〇一六年五月的定期回診中，左邊乳房一顆讓醫生很擔心、持續定期追蹤的囊腫，竟然也消失了！

雅菁的意外，讓我體悟人生必須做一個大調整。**癌症這件事情，則讓我體悟到，擁有目標才不會死，才有辦法與癌共存，甚至駕馭癌症。「我的目標」比「我的死」更重要。**

第一次癌症，「我不能死」是因為透過許多見證人，說得癌症不一定會死，我選擇相信它，神也透過《聖經》告訴我「不要害怕，上帝會幫助我」。果然，**當我用信心回應的時候，便度過了煎熬的化療加電療**。

那時，領受到的一句話是，「我必不至於死，仍要存活，為要傳揚耶和華的作為」。神用祂的話語，天天安慰著我，也讓我深深地體會到「錢不是萬能」。當時，我只渴望擁有健康的身體，以便繼續陪伴雅菁，渴望活下來，去做那些未完成的事。

那陣子，神也差派姊妹借我一本書，讓我看見書中基督徒姊妹，即使癌細胞不斷在全身轉移，還被醫生宣判只剩下三個月的生命，但在神的手中，她還是奇蹟似地活了三十多年。

我對神的信心，就是在這時被建立起來。即使隔年癌症復發，我仍堅定相信，全能的上帝必會醫治我，好讓我繼續傳揚祂的福音，及宣告祂的大能。

擁抱真實自我，讓愛在生命裡面流動

生命領悟是在安逸或無憂無慮中學不來的，況且安逸也不會使我們更上一層。

人生不進則退，為了讓生命變得更加美好，我們必須不斷地讓自己處於冒險之中—為愛而冒險、為友誼而冒險、為婚姻而冒險、為子女而冒險，當然，更要為自己的健康而冒險。

兩年之內，我做了十九次化療和六十五次電療，這是非常冒險而且痛苦的一件事，但感謝神的保守，治療期間我能吃能睡，並沒有特別地不舒服。我是**因為生了這場大病，學習到如何放下自尊來開口求助，讓周遭愛我的人，也有機會成為我的幫助。**

以往，我抱持的是「人不犯我，我也不去麻煩別人」的想法，表面上是彰顯獨立自主，實際上是害怕被拒絕、擔心被取笑。在需要幫忙卻又不明說的情況下，最後生悶氣的人，往往還是我自己，一來是氣自己的無能，二來是氣別人為什麼都不主動幫忙。事後想想，我不開口，別人怎麼會知道我有什麼需要呢？

感謝上帝，讓我和雅菁有機會與一些大型的團隊接觸，像是政府或醫院機構、陽光基金會和教會。因著這些機構的介入，我們才得以順利走過生命的低谷，而且每一次的互動過程，對我來說，就是一個很大的調整，我必須學會告訴他們，心中真實的感受和需求。正是因為如此，我才有機會在陽光基金會的心理師引導之下，進入教會，尋求心靈的醫治。

想起雅菁剛到教會時，由於尚未穿戴義肢，非常不方便，每次都要動員四名壯丁，才能將她帶到位於二樓的聚會禮堂。若是從前的我來看，可能會覺得我們母女「實在好可憐」，連上個樓梯都如此不方便。但被神扭轉之後的我，不僅不再因為開口求助而感到丟臉，還可以從別人的幫助中感受被愛。

我發現，我願意主動將需求說出來時，幫助就會從四面八方蜂擁而至，而且神還會幫我預備最合適的人選。像是因為乳癌必須到醫院開刀，就有一位教會姊妹，自願陪我住在醫院，同組姊妹有的輪流到醫院探視我，有的幫忙到家裡照顧雅菁的生活起居，甚至還幫雅菁義賣拼豆。這一切的一切都讓我好感動。在開完刀、等候恢復的那八天中，常覺得自己好幸福，亦不再埋怨家人為什麼不來幫忙，而是盡情享受上帝所安排的恩典。

二〇一五年九月九日，一連四天，我經歷了一場，難能可貴的體驗—陪伴雅菁登「雪山」。一路上，在在讓我體會到團隊的重要性。登山，本來就不是件容易的事，對只有一雙「鋼鐵腳」的雅菁，更是困難重重。沿途我不僅要隨時注意她的狀況，還要顧及自身體力，時不時就會興起放棄的念頭。

幸好，整個團隊不分你我、協力合作，不只一路扶持，還替我們揹行囊，降低體力的負荷量。幾位同行的孩子，正好與雅菁的年紀相仿，彼此鼓勵的力量很大。貼心的是，他們對我的稱呼，從一開始的「鋼鐵媽」到「媽媽」，愈叫愈親密。看到我快要走不下去，還會為我加油打氣。我由衷體會，自己的癌後人生雖失去部分健康，卻更勝於過往時日。

對於我們這對殘缺母女而言，登雪山的過程，是比一般人辛苦百倍千倍的。多虧團隊中每個人的協助與扶持，我們才能一路往上走，在絕佳的風景之下，展現宛如陽光般的燦爛笑容。

如今，過往的苦痛掙扎，已然成為我的力量泉源！

謝謝曾經的那些看似不公平的事，現在都譜成我的生命樂章中，最優美的低音符號。過去無人回應「我到底怎麼了」的迷茫歲月，也成了樂章的休止符。想一想，生命樂章之所以動聽，不正是因為有高有低嗎？若沒有低谷，就無法知道原來那是高峰。

每個人的人生都得自己過，看別人的人生，永遠只是看看而已，真實的滋味，要靠自己去探索和品嘗。學習接納自己，珍惜當下擁有的一切，記住，懂得感恩。那麼，上帝便會帶著我們，奔向燦爛豐盛的未來！

後記

給爸媽的一封信

我一生所敬愛的爸爸媽媽啊！

對我而言，您們的認真、勤儉、捨己、奉獻給這個家庭的心志是女兒所敬佩所要學習的。

謹代表弟妹向您們說聲對不起，我們沒能體諒您們對我們的愛，以為那是種嚴厲，殊不知那是為了要保護我們的愛，謝謝您們充滿耐心的等候我們長大，不斷地給「再一次」的機會，扶持我們。

對不起，讓您們傷心了，請原諒我。在我來不及成熟時，您們已經年老。感謝上帝保守您們的身體，讓我還有機會想回去就回去，看看您們，牽著您們，抱著您們，享受過去錯過的愛。這樣奢侈的愛，是我過去不曾珍惜的，在我急於長大的同時，錯過了很多美好時光，現在可以把握住機會，真的是上帝給我的恩典。

謝謝您們把我生的如此單純美麗，也承襲您們的愛來陪伴受重傷的女兒，**過去您們的擔憂，現在可以放下了。我們靠著天父預備的天使貴人必可以勇敢跨越，走向有真平安幸福恩寵的人生。**

爸爸媽媽，我們都幸福，都愛您們！您們是我永遠的驕傲。

曾經跌跌撞撞，卻在愛裡茁壯的女兒　敬上

給女兒的一封信

雅菁寶貝：

如今，是應該感謝妳的父親，那時候，可能自覺得無法把妳照顧得周全吧！雖然，當時妳的父親是用一個我無法接受的藉口，把照顧妳的責任，交到我的手上，而使我非常的生氣。但妳十三歲那年的那場火燒車意外後，八年多來，我們母女相處的點點滴滴，讓身為媽媽的我，終於體會到，何為真正的母親角色了。

感謝有這個機會，讓我學會對一件事情負責到底。學習到什麼是愛？什麼是在愛裡的忍耐、包容、接納，並且學會做一個愛妳所愛的母親。**在這無法改變的艱難裡，我更學會用智慧來面對一切，用勇敢的心往前行。**

謝謝妳，我的寶貝女兒，雖然妳不再完整，我卻發現一件比「完整」更重要的事情，就是「愛」。**這幾年，在我們當中所發生及所散播出去的「愛」，遠比「完整」來得更重要。心靈的美麗、勇敢、堅韌，才是重要的。**

謝謝父神打開我心靈的眼睛。讓我看見妳是我的祝福，妳是帶著祝福，來到世上的榮美天使，也是我最寶貴的公主。**不完整沒關係，因為沒有比活著更重要，也沒有比天天看見妳更重要的事了。**媽媽愛妳！

為了愛妳，變得更勇敢的媽媽　敬上

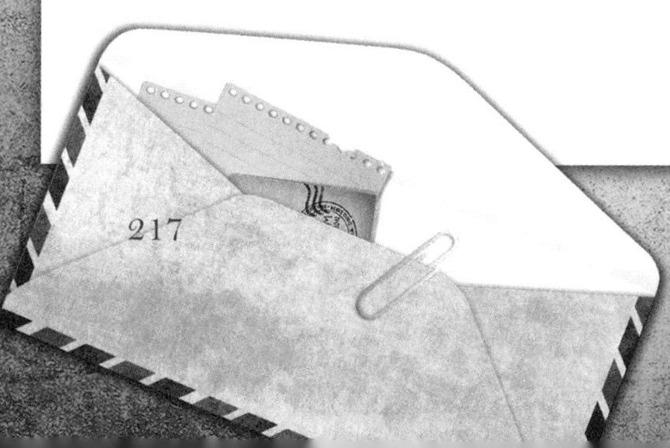

給八仙塵爆家屬的一封信

曾有位八仙塵爆的家屬，問我一個，他一直覺得矛盾又想不透的問題：**「在孩子緊急的情況下，救與不救之間，到底該如何取捨？」**

這樣的處境，我的確親身經歷。面對這樣心痛又困惑的塵爆家屬，我不會直接給答案。我知道，那真的是太難太難的一個抉擇。

生命，是屬於個人的，即使身為家屬的我們，終究只能是一名協助者。雅菁出事時，我先是選擇相信醫生的專業，也同步將孩子的生命交給命運，並做好隨時可能失去孩子的心理準備。這是我所能承擔的。不過，在還有生存機會的情況下，即使建議我，為了孩子著想，不如現在就讓她好走，我就做不到。這樣的遺憾，我無法承擔。

人的選擇都在於，有沒有承擔後果的能力和心力，沒有絕對的正確答案。每個人都會有最好的決定式，但這不一定是標準公式。正如當時的我，也只能面對自己能承擔的部分，就是孩子真能活下來，肯定會很苦，但我願意陪她一起受苦。至於有親友告誡我，女兒雅菁可能會恨我一輩子，這一點我也只能選擇忽略。

一個選擇的背後，很難達到雙贏，通常得到這個，就會是失去另一個。我本來，就不奢求讓雅菁殘破地活下來的同時，還能得到她的感激。事實上，她的確一度怪罪於我。但八年多來的努力，我們的生活終於得到扭轉。我們母女的關係，也因此翻轉並且得勝。

想一想，愛，不就是一種冒險嗎？愛，不就是一個等候嗎？愛，不就是一個永無止盡的學習嗎？

（取自二〇一五年八月三十一日，與八仙塵爆家屬的談話）

將近九年以來，我與女兒不斷地努力，
努力讓殘缺的自己，譜出精彩的生命樂章。
信仰的幫助，讓我們愈來愈知道自己的路該怎麼走，
走一條通往得勝人生的大道。

Love愛你，
讓我變得更勇敢！

作　　者／馮順服（馮珮馨）
選　　書／林小鈴
採訪撰述／魏棻卿
企劃編輯／蔡意琪

行銷企劃／洪沛澤
行銷經理／王維君
業務經理／羅越華
總 編 輯／林小鈴
發 行 人／何飛鵬

出　　版／新手父母出版 ・ 城邦文化事業股份有限公司
台北市中山區民生東路二段 141 號 8 樓
電話：02-2500-7008　傳真：02-2502-7676
E-mail：bwp.service@cite.com.tw
發　　行／英屬蓋曼群島商家庭傳媒股份有限公司城邦分公司
台北市中山區民生東路二段 141 號 11 樓
書虫客服服務專線：02-2500-7718；02-2500-7719
24 小時傳真專線：02-2500-1990；02-2500-1991
服務時間：週一至週五上午 09:30 ～ 12:00；下午 13:30 ～ 17:00
讀者服務信箱：service@readingclub.com.tw
劃撥帳號／ 19863813　戶名：書虫股份有限公司
香港發行／城邦（香港）出版集團有限公司
香港灣仔駱克道 193 號東超商業中心 1 樓
電話：852-2508-6231　傳真：852-2578-9337
電郵：hkcite@biznetvigator.com
馬新發行／城邦（馬新）出版集團 Cite(M) Sdn. Bhd.
41, Jalan Radin Anum, Bandar Baru Sri Petaling,
57000 Kuala Lumpur, Malaysia.
電話：603-9057-8822　傳真：603-9057-6622

封面設計／江儀玲
內頁排版／李京蓉
照片提供／馮順服、莊雅菁
攝　　影／水草攝影工作室
製版印刷／卡樂彩色製版印刷有限公司

城邦讀書花園
www.cite.com.tw
Printed in Taiwan

初　　版／ 2016 年 06 月 21 日
定　　價／ 300 元
I S B N／ 978-986-5752-41-5

國家圖書館出版品預行編目 (CIP) 資料

愛你，讓我變得更勇敢！/ 馮順服著 . -- 初版 . -- 臺北市：新手父母，
城邦文化出版：家庭傳媒城邦分公司發行，2016.06
面；　公分
ISBN 978-986-5752-41-5(平裝)

1. 馮順服 2. 臺灣傳記 3. 自我實現

783.3886　　105009441

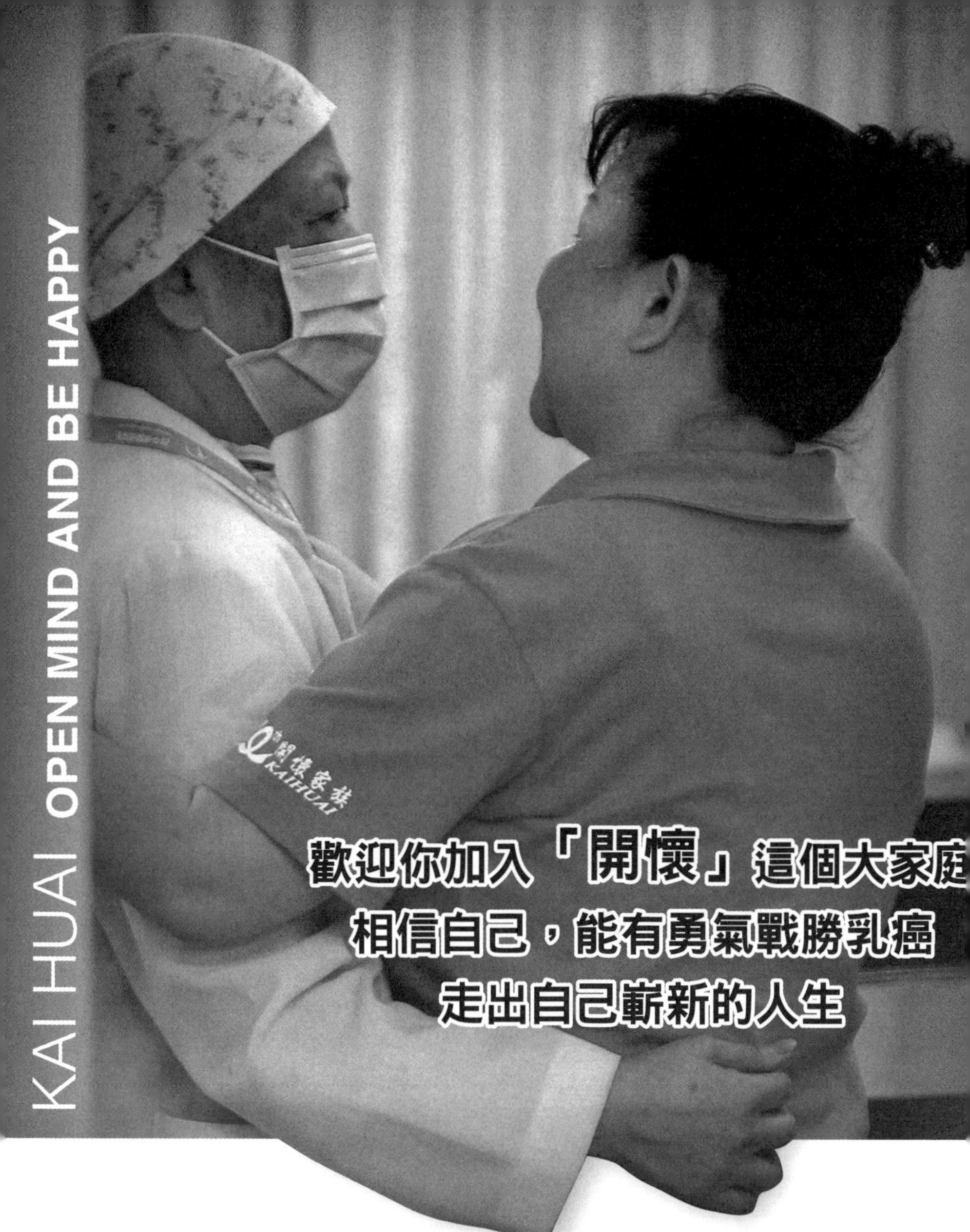
KAI HUAI OPEN MIND AND BE HAPPY
開懷家族
KAIHUAI
歡迎你加入「開懷」這個大家庭
相信自己，能有勇氣戰勝乳癌
走出自己嶄新的人生